自行车——骑行速度的运动

盛文林/著

台海出版社

图书在版编目（CIP）数据

自行车：骑行速度的运动／盛文林著． － － 北京：
台海出版社，2014.7

（全民阅读体育知识读本）

ISBN 978 - 7 - 5168 - 0408 - 7

Ⅰ.①自… Ⅱ.①盛… Ⅲ.①自行车运动 – 基本知识
Ⅳ.①G872.3

中国版本图书馆 CIP 数据核字（2014）第 175046 号

自行车：骑行速度的运动

著　者：盛文林	
责任编辑：阴　鹏	装帧设计：视界创意
版式设计：林　兰	责任印制：蔡　旭

出版发行：台海出版社

地　　址：北京市朝阳区劲松南路 1 号　邮政编码：100021

电　　话：010 - 64041652（发行，邮购）

传　　真：010 - 84045799（总编室）

网　　址：www.taimeng.org.cn/thcbs/default.htm

E - mail：thcbs@126.com

经　　销：全国各地新华书店

印　　刷：北京一鑫印务有限公司

本书如有破损、缺页、装订错误，请与本社联系调换

开　　本：655×960　　　1/16

字　　数：130 千字　　　　　印　张：12

版　　次：2014 年 10 月第 1 版　印　次：2021 年 6 月第 3 次印刷

书　　号：ISBN 978 - 7 - 5168 - 0408 - 7

定　　价：29.60 元

前　言

　　在日常生活中，自行车不仅仅是我们的代步工具，也是一种健身休闲运动工具。骑自行车是一项老少皆宜的户外活动，并已逐渐变成一种健康、绿色的生活方式，成为一种文明和文化的象征。

　　在富有激情的自行车运动中，我们既能强身健体，又能放松心情，在骑行过程中收获一种经历、一种心得、一种人生追求。这的确是一种完全融入大自然的锻炼方式。

　　在国外，自行车运动发展得如火如荼，意大利春季古典赛、环意大利自行车赛、环西班牙自行车赛、环法自行车赛等国际性大赛，普及度与参与度都相当高，尤其是环法赛事的知名度，堪与足球世界杯、奥运会比肩。而在普通民众当中，自行车运动也很流行，例如丹麦的首都哥本哈根，有70%的民众骑自行车出行，在荷兰还修建了专供自行车骑行的高速公路。

　　在国内，自行车运动也越来越普及。如今，各种职业、业余自行车赛事多了起来，例如环京赛、环中赛、环太湖赛等，参赛选手的水准在不断提升，市场上的各大整车品牌开始如雨后春笋般涌现。

　　为了能让广大自行车运动爱好者更加了解自行车，本书以自行车运动的起源与发展为开篇，介绍了公路自行车运动、山地自行车运动、场地自行车运动的相关知识，内容上深入浅出，图文并茂，希望本书能为热爱自行车运动的你提供帮助！

目　录

PART 1 项目起源

自行车运动的起源

自行车的发明

自行车，拉丁文为 Bicyoletta，中文译名为"自行车"。如今，自行车遍及世界各地，进入亿万家庭。自行车从出现到发展成现代自行车共经历了近一个世纪。

1791 年，法国出现以木马为主体，装上两个轮子，依靠双脚前后用力蹬地，使其直线前进的全木结构自行车（又称木马轮）。1800～1801 年，俄国叶·米·阿尔塔马诺夫设计出世界上第一辆用踏板踩动的自行车。他骑该车从乌拉尔的维利赫杜耶城到莫斯科，后又返回，往返路程达 5335

"木马轮"是自行车鼻祖

公里。但此发明当时并未引起重视。1817 年，德国德雷斯在木马轮的基础上装上一个舵，使其能改变方向，此发明 1818 年取得英国专利。

1839 年，苏格兰麦克米伦（K. Macmillan，1810～1878 年）制造出实用自行车。它前轮大，后轮小，车轮木制，装有实心橡胶轮胎，车把有柄，可转动方向，坐垫较低，前轮装有脚踏板和曲柄连杆装置，骑者双脚能离开地面，这是自行车发展史上的里程碑。同年，他又将木质结构改为钢铁结构，是自行车用材上的一次重大改革。1867 年，英国麦迪逊设计出第一辆装有钢丝辐条的自行车。两年后在斯图加特出现了由后轮导向和驱动的自行车，同时车上采用了滚珠轴承、飞轮、脚刹、弹簧等部件。

1856 年，英国詹姆斯（James，1830～1891 年）把自行车前后轮改为大小相同，加了脚踏和链轮，使车外形与现代基本相同。1887 年，德国曼纳斯公司将无缝钢管首先用于自行车生产，在自行车发展史上产生重大转折。1888 年，苏格兰人邓禄普（J. B. Dunlop，1840～1921 年）用橡胶制造出内胎，用皮革制出外胎，作为自行车的充气轮胎。从此，自行车趋于完善。

20 世纪 70 年代末，自行车结构出现革新，"羊角把"自行车和"封闭轮"自行车先后问世。1980 年第 22 届奥运会上，当时的德意志民主共和国运动员洛·托姆斯用"羊角把"自行车在 1000 米计时赛中创造了 1 分 2 秒 955 的成绩，把 1964 年以来一直

古老的自行车模版

未突破的世界纪录提高了 1 秒多。1984 年，意大利莫泽采用"封闭轮"自行车在 4 天内接连刷新 7 项世界纪录。"羊角把"和"封闭轮"的出现使自行车运动进入新阶段。

随着科学技术的发展，自行车经过多次重大改革才逐渐演变为现代

的式样。就近代自行车而言，也有过几次重大革新：

（1）增添了变速装置。出现了多级变速，最多达到 10～21 个档位，可以随意调节，适应不同的地形和气候条件，给旅游和竞赛带来了极大的方便。

（2）材质的改进。向质轻、坚固的方向发展，提高了速度。

（3）结构形式的改进。有了自行车的型号、类别。现在流行的有踏板式自行车、折叠式自行车、椭圆牙盘自行车和多人旅行自行车等。

（4）动力的改进。目前已经出现了全电控制自行车、液压传动自行车。为了进一步提高竞赛自行车的速度等性能，日本生产的"空气动力赛车"已经问世。1981 年，法国举行的全国自行车比赛，冠军获得者吉西杰，就是使用的这种赛车。它已引起世界各国的瞩目。

近代自行车

自行车运动的起源

1829 年，在慕尼黑举行世界第 1 次自行车赛时，站在弯道两旁的人们只能看见飞起的乱石和扬起的尘土。赛手们都坐在"滚轮"之上，这种滚轮是由一名森林管理员——德国人费赖赫尔（1785～1851 年）发明的。他的想法既非凡又简单：当人们坐上"滚轮"时就可以走得更快更远。"滚轮"结构同样简单：两个木制的圆轮和一个鞍座。前轮是个方向操纵杆，人们必须借助双脚的运动推动或停止滚轮。

1817 年，费赖赫尔骑着他的发明进行了首次郊游。人们都嘲笑这位骑着"俩轮子"的滑稽家伙。但是费赖赫尔仍然骑着被人们称为

"不像马车不似马"的发明继续向前。他还与一位来自巴登州的高级官员打赌，并且赢得了这次打赌：费赖赫尔骑着他的滚轮，只用 4 小时就完成了长尔斯鲁危－克尔的往返，而邮政局马车却用了 15 个小时。尽管如此，人们还是嘲笑这位古怪的森林管理

19 世纪使用的自行车

员，也没有一个工厂愿意生产和销售这种"滚轮"。

　　1839 年，一位名叫麦克米伦的苏格兰人，发明了弯曲踏板，他将弯曲踏板固定在前轮上，并且用金属做成了自行车，真正的自行车至此出现。1869 年，英国人劳森发明链条式联动装置，此后，空心钢管、滚珠轴承和充气轮胎的出现，才使自行车的结构性能更加完善。在这期间，发明家们不断创造出新式自行车，为此，人们进行了大胆尝试：带有蒸汽机的自行车，带有冰刀的冰上自行车，带有叶轮的水上自行车，法国人还发明了五人自行车，还有人发明了带有风帆的自行车和带有淋浴的洗澡车等等。这些发明对以后的交通工具和自行车运动起了很大作用。

　　1868 年，在英国举行了首次赛车场自行车赛。最初的赛车场与跑马场近似，呈椭圆形，车道平坦，当时跑道不仅有沙土的，还有黏土、煤渣、沥青、草地和水泥面的。1869 年，英、法两国举行的巴黎－里昂的 120 公里自行车赛是最早的公路自行车赛。

　　19 世纪末，自行车是进步的一个标志，被当时的报纸称为"机器"。1904～1914 年间，仅意大利就有 1200 万辆自行车。1911 年 3 月创刊的杂志《自行车》中说：这样一个如此优美、灵巧的小机器，能够唤醒人们沿着旅游路程进行愉快、鼓舞人心的旅游的玩具，现在被列入国际比赛中最有价值的防御和进攻手段了。可见，当时自行车运动的

发展是得到社会密切关注的。

自行车这个新的交通工具虽不能代替传统的徒步旅行，但却能完成长距离旅行。一些欧洲国家，抓住这一特点，通过自行车旅游向民众进行爱国主义、独立公共意识教育。一些自行车俱乐部宣告成立，积极推动了自行车运动的发展。

意大利于 1912 年成立了"红色自行车运动员"协会，许多中小城市都成立了"红色自行车运动员"协会。1913 年，成立了"联合会"，大会表彰了一些优秀自行车运动员。

优秀的自行车手

PART 2 历史发展

世界自行车运动的发展

1839 年，苏格兰的麦克米伦制造出实用自行车后，自行车运动逐渐在欧洲开始流行。1868 年 5 月 31 日，法国在圣·克劳德公园举行了距离为 2 公里的两轮车比赛，英国人詹姆斯·摩尔夺魁。这是有记载的最早的自行车比赛。1883 年 7 月，在莫斯科举行了一场自行车比赛，它对推动早期自行车活动的开展起了重要作用。

1889～1890 年，弗·特彼得莱克创设了计时赛，解决了多人公路自行车赛发生交通堵塞的问题，促进了自行车运动的发展。1893 年，第 1 届世界业余自行车锦标赛创办。1895 年，第 1 届世界职业自行车锦标赛创办，这两项比赛均为每年一届。世界性比赛的诞生标志着自行车正式成为一项竞技体育运动。1895 年出现摩托车领骑尾随赛。

1896 年，自行车运动被列入奥运会项目后，受到各国重视，赛事渐多。为更好地组织竞赛，推动自行车运动的发展，1900 年，在法国巴黎成立了国际自行车联盟，总部设在瑞士的日内瓦，其任务是管辖世界业余和职业的自行车运动。随着自行车运动的发展，1965 年，国际自行车联盟决定在联盟领导下分别成立两个协会，即国际职业自行车联合会（总部设在比利时布鲁塞尔）和国际业余自行车联合会（总部设在意大利罗马）。

此后，在每年举行的世界锦标赛中，业余和职业运动员分别参加各自的比赛。国际职业自行车联合会、国际业余自行车联合会和国际自行车联合会在技术和行政管理上均有自治权，各有自己的章程、规则和领导机构，但章程的制定和修改须由国际自行车联盟批准。

随着人们物质文化生活水平的提高和体育运动项目的增多，自行车在作为交通工具的同时，也已成为一种体育活动的器械，自行车运动成为人们爱好的体育竞赛项目之一。除奥运会外，国际间每年还举行一届男女锦标赛、男子青少年锦标赛、多日赛及洲、地区级比赛等。

环法自行车赛事

目前，世界上绝大多数国家都比较重视自行车运动。特别是欧洲大陆一再强调自己的自行车传统，几乎每个欧洲国家都有环国家自行车比赛。

中国自行车运动的发展

自行车在 19 世纪末由欧洲传入中国，开始仅供皇亲国戚享乐，20 世纪初逐渐进入民间，成为沿海一些发达城市中的交通工具。

1913 年，在菲律宾举行的第 1 届远东运动会，中国派人参加了自行车比赛。第 2 届远东运动会于 1915 年在上海举行，中国再次参赛。马国骥、李祖芝分别获得 15 英里比赛的第 2 名和第 3 名。此后，自行

中国最早的自行车

车运动在一些大城市得以开展。20世纪 30 年代前后组织了初级阶段的训练，但运动水平很低。1931年，旧中国教育部决定将自行车运动列为体育课的野外活动内容。1936 年又被列为大学体育教材大纲十二类之一。这些措施推动了中国自行车运动的发展。1936 年和 1947 年的第 6 届和第 7 届旧中国全运会上将自行车运动列为表演项目，加速了中国自行车运动发展的进程。

1. 初步阶段

我国自行车运动的历史比较短，1936 年，在旧中国第 6 届运动会时，才在田径比赛中第一次进行了自行车表演。新中国成立后，自行车运动得到蓬勃发展。1952 年，中国人民解放军第 1 届运动会把自行车列为比赛项目，这是我国第一次正式的自行车比赛。田径场 15000 米比赛由孙世海以 27 分 32 秒 7 的成绩取得了冠军。1953 年 5 月 25 日～28 日在长春举行了第一次全国公路自行车锦标赛，有 27 个代表队的 226 名运动员参加。其中，男运动员 103 名，女运动员 123 名。比赛项目有：男子 50 公里团体赛和 100 公里个人赛；女子 25 公里团体赛和 50 公里个人赛。这次比赛，解放军代表队囊括全部冠军，成绩是：男子 50 公里团体赛 4 小时零 59 秒 1（三人成绩总和），100 公里个人赛 2 小时 55 分 18 秒 8；女子 25 公里团体赛 2 小时 15 分 21 秒 8（三人成绩总和），50 公里个人赛 1 小时 30 分 58 秒 4。

2. 发展阶段

随着国民经济的发展，体育运动设施日益完善。1959 年，在北京建成了我国第一座标准的自行车赛车场。为了庆祝赛车场的落成，1959年 8 月举行了我国第一次自行车赛车场比赛。比赛项目有：男子 4 公里团体赛，女子 2 公里团体赛，男女 1 公里、2 公里个人赛。比赛结果为：山西男队获得 4 公里团体赛冠军；云南女队获 2 公里团体赛第一；山西队王二珠以 1 分 22 秒、北京队王平以 2 分 47 秒，分别创下男子 1 公里、2 公里的全国纪录。

1959 年举行中华人民共和国第 1 届全国运动会时，公路自行车被列为主要竞赛项目，有 28 个单位的 278 名运动员参加了比赛。比赛项目有：男子 100 公里团体赛，100 公里、180 公里个人赛；女子 25 公里团体赛，25 公里、50 公里个人赛。比赛结果为：北京男队、山西女队分别夺得团体总分冠军，比赛成绩比 1958 年有了大幅度提高。男子 100 公里成绩提高了 2 分 26 秒 9。赛车场竞赛为表演项目，有北京、山西、吉林等 8 个单位的 46 名运动员参加。项目有：男子 4 公里团体赛、女子 2 公里团体赛；男女 1 公里、5 公里个人赛。北京队、云南队分别取得男、女总分冠军。

1961～1963 年期间，由于自然灾害，我国国民经济处于困难时期，自行车运动的训练和竞赛暂时收缩，一度没有举行全国性自行车比赛。到 1964 年国民经济形势好转，全国自行车运动再度展开，锦标赛随之恢复。1965 年第 2 届全国运动会，

环京公路自行车比赛

公路和场地自行车都被列为主要比赛项目，男子 100 公里团体赛中，上海队创下了 2 小时 18 分 8 秒 7 的好成绩，北京队的张立华创造了赛车场 1 公里 1 分 11 秒 4 的全国最高纪录，首次接近世界水平；赛车场女子 1000 米的成绩，也处于亚洲领先地位；还有一些项目接近世界水平。1966 年 7 月日本自行车队来访时，进行了两场 14 项比赛，我队以 14：0

的绝对优势大胜日本队。

3. 滑坡阶段

1966年，自行车运动的发展几乎停滞。绝大多数自行车运动队被解散，器材入库，场地荒芜，比赛被迫停止。幸存的山西队，也是人数寥寥，无法坚持正常训练。自行车运动和各条战线一样，备受摧残，元气大伤，呈现萧条景象。直到1972年，才勉强在太原举行4个单位共60名运动员参加的比赛，男子100公里团体赛只赛出了2小时28分36秒21，倒退了十几年。

4. 恢复阶段

从1973年开始，自行车运动的训练与竞赛逐渐恢复，每年都举行1~2次全国性公路和赛车场比赛，运动成绩开始回升。1975年，在第3届全国运动会比赛中，公路100公里团体赛，山西队达到2小时19分19秒8，接近全国最好成绩；赛车场比赛也打破了三项全国纪录，成绩喜人。

5. 鼎盛阶段

20世纪70年代后期，自行车各队都在总结训练经验，改进训练方法，不断提高运动成绩。1979年5月，在宁夏自治区举行了全国第一次公路自行车多日分段赛，比赛分为五段，全程总距离为481公里，平均每天96.2公里。其中第一天为100公里团体赛，上海队荣获团体总分第一，辽宁的杨春光取得个人冠军。同年9月又在太原举行了第4届全国运动会公路、赛车场自行车比赛，涌现出不少后起之秀。山西运动员吴增仁一人独得5项冠军，并创造了场地4公里个人追逐赛5分8秒的全国最新纪录。

20世纪80年代初，我国确定了女子场地短距离项目为自行车运动在奥运会上的突破口，并在国际比赛上不断取得好成绩。1980年，我国派出第一支女子自行车队，参加了在法国举行的世界女子自行车锦标赛，这是我国自行车队第一次参加这样大型的比赛，开阔了眼界，学习了经验。1982 年，在世界自行车锦标赛中，江苏选手周柞慧取得了女子争先赛第 6 名，第一次在国际自行车坛崭露头角。1983 年，我国自行车队又派出了实力较强的队伍参加世界大学生运动会，在女子争先赛中北京的杨桂铃和江苏的周柞慧分别争得第 3 名和第 4 名，上海选手吕玉娥取得 1 公里赛的第 5 名，显示了我国自行车运动的潜在实力。1984 年，周素英在世界锦标赛上曾夺得女子争先赛第 3 名。在 1990 年的北京亚运会上，我国自行车运动员夺取了自行车比赛全部 11 枚金牌中的 6 枚（女子 1 公里计时赛、女子争先赛、女子 3 公里个人追逐赛、女子公路个人赛和男子公路 100 公里团体赛、男子公路个人

周玲美打破女子 1 公里计时赛世界纪录

赛）。其中，周玲美打破了女子 1 公里计时赛世界纪录，在国际和国内引起了很大反响。

随着我国实行对外开放政策，自行车运动队出访、迎访、参加国际比赛日益频繁。为了适应国际比赛的要求，我国对比赛规则和方法都进行了不断修改。如把赛车场行进间出发的 200 米竞赛，改为 1000 米争先赛；团体赛和个人追逐赛，都增加了预赛、复赛、半决赛和决赛四个轮次，这样做增加了比赛难度，丰富了比赛内容，促使我国自行车运动水平在短期内接近世界水平。

在 2000 年悉尼奥运会上，我国女子选手姜翠华在比赛中夺得铜牌，实现了我国自行车运动项目在奥运会上奖牌"零"的突破。在 2004 年雅典奥运会上，江永华夺得场地自行车女子 500 米计时赛银牌。在 2008 北京奥运会上，郭爽获得场地自行车女子争先赛的一枚铜牌。

2012 年伦敦奥运会，郭爽再次拿到了女子争先赛的铜牌，并获得

女子凯林赛的银牌。在场地自行车中，杨爽和宫金杰获得女子团体争先赛的银牌。

残疾人自行车运动的发展

残奥会自行车比赛是专门为视力损伤、脑瘫、脊髓损伤、肢体残疾或其他永久性身体残疾的运动员组织的比赛。自行车项目是残疾人体育的新兴项目，开展于欧洲，最早只有视力损伤的运动员在健全人的帮助下，使用双人自行车来体验自行车活动的感受。在 1984 年的国际残疾人运动会上，首次进行了视力残疾者的自行车比赛。有 80 余名视力残疾运动员，与他们的领骑员协作完成了比赛。同时，还有脑瘫和肢体残疾的运动员参加了比赛。此后，每年都举行残疾人世界锦标赛。

在 1988 年汉城残奥会上，公路自行车赛首次被列入正式比赛项目，标志着自行车运动正式成为残奥会比赛项目。1996 年亚特兰大残奥会又增加了场地自行车赛。

残疾人自行车运动

自行车项目是残奥会上仅次于田径、游泳的金牌大户。目前，残疾人自行车运动开展比较好的国家有德国、英国、美国、法国、比利时、澳大利亚、日本等。2003 年，残疾人自行车运动的年度赛事和竞赛规则列入国际自行车联盟的相关文件，竞赛方法和运动员的参赛行为等受国际自行车联盟的约束。

我国残疾人自行车运动起步较

晚，最早的残疾人自行车比赛是 2002 年在武汉举行的全国残疾人自行车锦标赛，来自全国 7 支队的肢体残疾和视力残疾共 5 个级别 33 名运动员参加了 26 个项目的比赛。之后，残疾人自行车项目首次列入 2003 年第 6 届全国残疾人运动会（南京），比赛分场地赛和公路赛两个项目。场地自行车比赛的所有项目全部使用了欧米伽电动计时系统，为我国残疾人自行车竞赛与国际接轨奠定了基础。2004 年和 2005 年分别在甘肃兰州和山东日照举办了全国残疾人自行车锦标赛。至此，我国残疾人自行车竞赛项目已开设了除手动自行车以外的残奥会自行车全部比赛项目。

2004 年，中国残疾人体育协会还举办了全国残疾人自行车项目裁判员培训班，建立了规范的残疾人自行车项目的裁判员队伍，为残疾人自行车竞赛发展提供了基本保障。

中国残疾人体育协会非常重视残疾人自行车运动的发展，先后多批、多人次地派出代表团，参与世界残疾人自行车运动的交流和比赛，并取得了一些优异的成绩。特别是在 2004 年雅典残奥会上，我国派出 6 名运动员分别参加场地赛和公路赛中 17 个项目的角逐。周菊芳（上海）以 1 分 15.491 秒打破了 LC1 级场地 1 千米计时赛世界纪录，获得冠军，在公开级的公路个人计时赛获得第 7 名；汤奇（江苏）以 1 分 18.387 秒打破了 LC3 级场地 1 千米计时赛世界纪录，并获该项目第 3 名；徐以梅获得 B1－3 公开级场地 200 计时赛第 5 名和个人追逐赛的第 7 名；安凤珍获得了 LC1 级场地 1 千米计时赛第 2 名和公开级公路个人计时赛第 8 名。

全国残疾人运动会自行车比赛进行中

梁贵华（中）

我国残疾人自行车运动已广泛开展起来。目前，江苏、上海、广东、甘肃、河北、辽宁、山东、河南、北京等十余个省市成立了残疾人自行车运动集训队，进行系统化和科学化的训练工作，运动水平不断提升。在英国曼彻斯特举行的2005年残疾人自行车世界杯赛上，周菊芳和汤奇又分别以38.551秒和49.421秒的成绩创造了LC1和LC3级场地500米计时赛世界纪录，并获得冠军。周菊芳还以12.578秒打破了行进间200米计时赛的世界纪录。

PART 3 目前状况

自行车运动的现状

悉尼奥运会自行车的 18 块金牌全部为欧美国家所得。法国、德国、荷兰、意大利等国的自行车运动的总体水平，高居各国之上。其中，男女场地短距离项目法国具有相当强的实力；美国、英国在个别项目上有优势；而德国、荷兰、意大利等国在男女中、长距离项目上有很强的实力；公路和山地车项目主要是欧洲人的天下，法国、意大利、荷兰都具有相当强的竞争实力；亚洲和拉美的某些国家目前开始在世界自行车运动中占有一席之地。

悉尼奥运会后，一些老运动员退役，给其他选手或新手提供机会，如在女子场地短距离项目上，俄罗斯、白俄罗斯、澳大利亚都可能爆出黑马。

亚洲过去是中、日、韩、哈四国之争，西亚新崛起的伊

德国自行车运动员

朗成为亚洲一支劲旅。在悉尼奥运会上，哈萨克斯坦取得了男子公路个

人赛的银牌；马来西亚近年来通过举办"环兰克威"自行车赛，大大推动了该国和东南亚自行车运动的发展，其公路自行车运动的水平迅速提高。越南通过聘请俄罗斯教练执教，运动水平有明显的提高，在2000年的亚洲锦标赛上取得了公路大组赛的冠军，显示出在公路项目上的实力。在场地短距离项目上，日本和韩国借助于开展"凯林"博彩的优势，具有很强的竞争力。

自行车运动是现代竞技体育的一个重要组成部分，在奥运会比赛中占有重要位置。第1届现代奥运会时，自行车就已成为正式比赛项目。

中国被称为"自行车王国"

中国在世界上素有"自行车王国"之称。据不完全统计，全国有6亿人在骑自行车，自行车的年产量达3000万辆。世界体育界的友好人士，包括前国际奥委会主席萨马兰奇，都希望中国的自行车运动能有较高的水平。自行车运动在奥运会上的分量加重，世界自行车运动水平的不断提高，都要求我们这个"自行车王国"的自行车运动水平迅速提高。

目前我国自行车运动在亚洲的情况是：女子仍保持着亚洲的领先地位，但男子方面日本在短距离项目上、韩国在男子4公里团体追逐项目上处于或接近世界水平，中亚国家在公路项目上和场地中长距离项目上处于世界水平，使我国面临严峻挑战。

与世界水平相比，我国的男子自行车运动水平差距较大，代表国家水平的国家集训队的成绩，在国际自行车联盟的1996年积分排名表上列第32位。场地项目的全国纪录与世界纪录相比，处于世界20世纪60年代水平。女子项目上我国运动员在争先赛上曾于1995年的世界杯系列赛（日本站）一站比赛中夺得过冠军，但在 1992 年的巴塞罗那奥运会上的成绩是第 8 名，在亚特兰大奥运会上的成绩是第 9 名。女子 3 公里追逐赛在 1995 年的世界锦标赛上成绩是第 11 名，在亚特兰大奥运会上成绩是第 11 名。女子山地车在 1995 年亚洲锦标赛上获得过个人第 1 名，在世界锦标赛上排名在 30 名以外。女子场地项目的全国纪录与世界纪录相比，处于世界 20 世纪 80 年代中期水平。经过自行车界教练员、运动员等的多年艰苦努力，终于在 2000 年第 27 届奥运会上取得 1 枚铜牌，但自行车项目现在在奥运会上共有 18 枚金牌、54 枚奖牌，我国目前只在女子 500 米计时赛项目上具有竞争能力，其余项目均竞争力不足。

2004 年雅典奥运会上，我国选手再次夺得场地自行车女子 500 米计时赛银牌。2008 北京奥运会上，场地自行车女子争先赛的一枚铜牌也被中国收入囊中。2012 年伦敦奥运会上，中国运动员又获得了女子场地自行车团体争先赛的银牌。

PART 4　竞赛规则

自行车运动的竞赛规则

自行车运动的竞赛总则

竞赛种类

公路竞赛、越野竞赛（公开赛、秘密赛）、赛车场竞赛、田径场竞赛。

竞赛性质

个人竞赛以比赛运动员到达终点的成绩优劣排列个人名次。

团体竞赛以队为单位，每队4人，以各队第3名运动员到达终点的成绩优劣排列团体名次。

个人团体竞赛以队为单位，每队参赛人数按规程规定，分别计取个人和团体的成绩和名次，团体名次以各队前三名运动员到达终点的成绩累积排定，优者列前。

自行车运动

报名

参加比赛的运动员，须符合该比赛竞赛规程关于运动员资格等各项规定，且有医务、性别等证明，按期报名。对于已确认的某运动员参加某项比赛，无任何正当理由而没参赛，以至未能从检录单中除名的；在某项比赛中已取得后继赛次资格而无任何理由未参赛的，应取消其参加以后所有项目的比赛资格。

严禁使用兴奋剂

对已查明服用兴奋剂的运动员取消比赛资格、名次及后继项目的名次。若第一次服用，停赛 1 年；若第二次服用，停赛两年；再用则终身禁赛。如若教练第一次被发现参与运动员服用兴奋剂，停职 1 年，领队、队医参与，处以不低于运动员的处罚；第 2 次发现，终身停职。

申诉

1. 运动员对参赛资格或编排有异议时，可于开幕前一天向仲裁委员会提出。

2. 对赛中发生的问题提出申诉，可于事发后 15 分钟内提出。

3. 对裁判员的判定有异议，可于该成绩公布后 30 分钟内提出申诉。

4. 任何申诉，须由该队领队或教练员在规定时间内向仲裁委员会提出，并填写正式申诉表，同时交纳 50 元申诉费。如申诉有效，则退回申诉费。

5. 在问题解决之前，运动员应按原规定参加比赛。

场地自行车竞赛规则

争先赛

争先赛是一种由 2~4 人进行 2 或 3 圈骑行的比赛。在小于 333.33 米的场地上，运动员要骑行 3 圈；大于、等于 333.33 米的场地上，运动员要骑 2 圈。如一名选手在两人一组的比赛中弃权，他的对手到起点线即可宣布获胜，无需完成骑行。

1. 出发位置

出发位置由抽签决定，抽 1 号为内道。第二战交换位置。第三战重新抽签。

2. 出发

发令员鸣哨出发。

内道运动员必须领骑至对面跑道的追逐线，除非被对手超越。每场比赛最多允许定车两次，定车最长不得超过 30 秒。随后，发令员要提示领骑运动员继续比赛。否则，发令员将停止比赛，并宣布对手获胜。如果在 3 人或 4 人一组的比赛中（违例运动员除外），比赛将立即由剩下的 2 人或 3 人进行重赛。

场地自行车最后冲刺

3. 冲刺

（1）在进入最后 200 米或开始进入最后冲刺之前，选手可以利用全部的跑道宽度，但必须给对手留出足够的空间通过。并且，要避免招致相互碰撞、摔倒或造成对手骑出跑道的举动。

（2）在最后冲刺，甚至在最后 200 米之前发动的冲刺，运动员须保持其骑行方向到终点，除非他有至少领先一个车长的距离。并且，不能做任何动作阻碍对手通过。

（3）选手不可以从快速骑行道上骑行的对手左侧超越。如果领先选手离开快速骑行道，对手试图从左侧超越，领先选手不能再回快速骑行道，除非他有至少领先一个车长的距离。选手不可以从右侧挤压在快速骑行道中的对手，造成他突然减速；如果快速骑行道已被对手占据，在外道发动冲刺的选手不能进入该骑行道，除非有一个车长的距离。如果领先选手进入测量线，他将被降低名次，除非他是无意的，成绩可以被认可。如果在 3～4 人一组的比赛中，一名选手以违规方式袒护另一名选手，他将被降低名次，其余选手立即重赛。

4. 中止比赛

（1）摔倒：

如果摔倒是被一名选手有意造成的，根据犯规的严重性判降低肇事者名次或取消比赛资格，其对手获胜。在 3～4 人一组的比赛中，比赛由其余的 2～3 人立即重赛。

如果摔倒是由于一名选手在弯道骑行太慢所至，或由其他无意的过错造成，比赛将重新开始，肇事者（在内道）领骑。

如果摔倒不是由选手引起的，裁判将决定是否按同样的顺序重新比赛。或者，按摔倒时的位置决定胜负。

（2）爆胎。

（3）赛车的主要部件断裂。

以上三种情况，将由裁判决定是否按同样的顺序重新比赛。或者，按摔倒时的位置决定胜负。

（4）其他情况：

如果肇事者在内道领骑，致使一名选手失去平衡、摔倒或触及对手或栏杆，比赛将重新开始。

如果发令员发现严重犯规和在最后一圈打铃之前停止比赛，裁判可以对犯规选手降低名次或取消比赛资格，其对手获胜。如遇 3～4 人一组比赛，该场比赛由其余的 2～3 人立即重赛。

个人追逐赛

个人追逐赛是在固定的距离上，两名运动员各从场地相反方向的垂直两点出发，然后尽力相互追赶的比赛。

比赛项目：男子 4 公里，女子 3 公里，青年男子 3 公里，青年女子 2 公里。

1. 资格赛中裁判可以把认为能力相同者安排在同一组，但不必去选择认为最好的两名放在一组。资格赛只考虑运动员的成绩。如果一名选手被追上，他必须完成比赛距离获取成绩。被追上者不得尾随和超越对手。否则，取消其比赛资格。在 4 名成绩最好的选手中，两人安排为一组，进行追逐赛（决赛）时，当一名选手追上对手时，比赛就此结束。

2. 当一名选手的赛车牙盘，被另一名选手赛车的牙盘平行时，该选手被判定追上。在第一轮如果一名选手出发弃权，不能替补其位置。弃权者在该轮列第 8 名。如有几名弃权者，他们的排名则按资格赛的成绩。出发的选手必须单独完成比赛，成绩作为进入决赛排位的依据。

3. 如果在决赛中一人弃权，对手则获胜。2 人决赛，弃权者列第 2 位；3 ~ 4 决赛，弃权者列第 4 位。如果弃权的理由不能被裁判接受，缺席者将被取消比

场地自行车女子个人追逐赛

赛资格。他的位置将空着。如果出现成绩在 1/1000 秒上相同，以最后一圈的成绩优劣决定胜负。

4. 运动员在跑道的内侧出发。

运动员的出发位置：

资格赛中，每名运动员的出发位置由裁判决定。

决赛中，在资格赛中获得最好成绩的运动员排在主席台的一侧。

出发违例，发令员将鸣枪两响停止比赛。这一组将重新出发。

运动员完成比赛距离；或决赛轮中被对手追上，鸣枪一响，比赛结束。

5. 中止比赛

资格赛中:

第一个半圈内,发生事故,停止比赛,立即重新出发。第一个半圈之后,不能停止比赛。出事故的选手可以在该轮次的最后重新出发。(可以单独出发,也可以与发生同样情况的运动员进行对发)每名选手只允许有两次出发机会。

第一轮:

第一个半圈之后,不能停止比赛,出事故的选手无论是公认还是非公认机械事故,均可以在该轮次的最后单独出发。他的对手要继续完成比赛,记取成绩。在第一轮被淘汰的选手将根据他的成绩进行排名。

决赛:

第一个半圈内,发生事故,停止比赛。两名选手立即重新出发。在最后 1 公里之前(青年女子在最后 500 米之前),发生事故中断比赛,选手将在最多 5 分钟的休息后,在他们出事故时的位置上重新出发。选手将从出事故前,最后通过的半圈的追逐线开始完成比赛距离。

最终成绩为前一部分成绩加上剩余部分的时间。

在最后 1 公里之内(青年女子在最后 500 米之内),如果领先选手发生事故,他将获胜。决定成绩根据最后半圈所完成的平均速度计算。

团体追逐赛

两个队在跑道两个直道相反方向起跑完成 4 公里比赛。一队追上另外一队或取得最快的成绩者获胜。个人追逐赛的规则同样适用团体追逐赛。

1. 比赛的组织

(1) 每个队的成绩和排名将以该队的第 3 名选手到达终点的成绩计算。成绩以每队第 3 名的前轮到达终点来测量成绩。

（2）在资格赛中录取前 4 个队。

（3）在小于 400 米的场地上，每一个队应单独骑行进行计时。其他的场地裁判将安排能力相近的队在一组比赛，但不能安排认为是最好的两个队在同一组。

2．比赛程序

（1）每队的选手出发的位置，或者平行并排，或者以 45 度角梯形排列在起点线后。

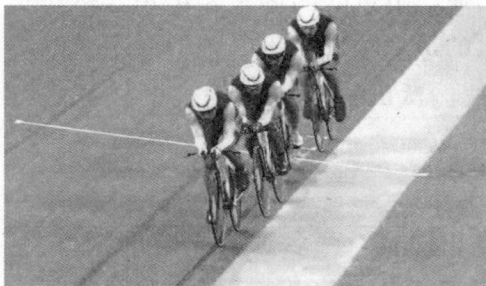

运动员之间的距离是 1 米。里道的运动员用起跑器起跑。在第一次交换前，该骑手须保持领骑。出发"抢跑"，发令员将鸣枪两响，停止比赛。

（2）在资格赛里，一个队出现两次起跑违例将被淘汰。

（3）在决赛中，一个队出现两次起跑违例，将失去决赛的机会。

场地自行车男子团体追逐赛

严禁同队队员在比赛中互相推。发生这种情况，在资格赛中，取消其比赛资格；在决赛中，他们将失去决赛机会。每队第 3 名选手完成比赛距离，通过终点线取得最终成绩的瞬间；或在决赛中一个队追上另一个队时，比赛结束。

3．中止比赛

（1）在资格赛中：

第一个半圈内，如果任何队出现事故，比赛立即重新开始。

第一个半圈之后，发生事故：如果仅涉及一名选手，该队另外 3 人可以继续比赛，或者停止比赛。如果该队选择停止，那么，该队必须从出事故的地点起一圈之内停下。否则，取消比赛资格。这种情况下，另一个队继续比赛。

出现事故停止比赛的队，在资格赛后重新比赛。也可以与同样情况的另一队安排在一起比赛。

如果一个队在此后的骑行中又出现事故，该队要由 3 名队员继续比赛。否则，将被取消比赛资格。

每一轮比赛包括决赛，发生事故只允许一次重新出发。

（2）在决赛中：

在第一个半圈内，发生事故，比赛须停止并重新起跑。如果在其后的比赛中，该队再一次发生事故（无论公认与否），该队被淘汰。

在第一个半圈之后，出现的事故不予考虑。如果该队有 3 名运动员在跑道上，要继续比赛。否则，该队必须停止。并判负。

1 公里和 500 米计时赛

1 公里或 500 米比赛是一项原地出发的个人计时赛。在世界杯和世锦赛上，1000 米为男子项目，500 米为女子项目。

1. 出发顺序由裁判安排决定。上一年度锦标赛的前 10 名倒序排列出发，并安排在最后，其他运动员抽签决定出发位置。

2. 比赛为直接决赛。成绩并列，授予每名运动员同样的奖牌。

3. 为了限制运动员在弯道处蓝区里骑行，每 5 米的间隔要摆放一块 50 厘米长的海绵块。运动员从起跑器上起跑，在跑道的里道出发。出发违例的运动员将立即重新

2010 年广州亚运会中国香港选手李慧诗
夺得女子 500 米计时赛冠军

出发。

4. 在出现事故的情况下，运动员可以在休息大约 15 分钟后重新出发。每名运动员只允许有两次起跑机会。

记分赛

记分赛是一种根据计算运动员的冲刺得分及完成的圈数来决定最终名次的特殊比赛。

1. 根据报名参赛人数，裁判有可能组成资格赛并决定每组资格赛中录取多少名次进入决赛。

2. 比赛圈数

在小于、等于 250 米的场地，途中冲刺每 10 圈一次。

在其他场地上，途中冲刺在跑完接近每 2 公里的圈数后进行：

在 285.714 米的场地上每 7 圈一个冲刺；

在 333.33 米的场地上每 6 圈一个冲刺；

在 400 米的场地上每 5 圈一个冲刺。

3. 比赛得分

每个冲刺圈第 1 名获得 5 分；第 2 名 3 分；第 3 名 2 分；第 4 名 1 分。

任何一名选手超过主集团一圈，即获得 20 分。

任何一名选手被主集团超过一圈，即扣除 20 分。

如果有两名或更多的选手得分相同，根据终点冲刺的先后位置决定名次。

场地自行车女子 20 公里个人记分赛

4. 出发前，一半选手沿围栏排成一列，另一半选手在快速骑行道排成一列。

5. 冲刺将根据争先赛的规则执行。

6. 其他规则

当一名选手追到主集团的后面，他将被认为超一圈并获得 20 分；

一名选手落后主集团并被追上，该选手不能领骑。否则，取消其比赛资格；

在冲刺排名时，如果一名或多名选手追上主集团，这些选手将获得一圈并奖励 20 分。该冲刺圈得分将立即给其后的突出选手或者给那些主集团的领先选手；落后一圈或数圈的运动员，裁判团有权令其退出比赛；

选手之间有勾结行为，裁判员可以在警告之后，再进行取消所涉及的运动员的比赛资格；

如果发生公认事故，运动员可以享受接近 1300 米的中立圈。上道恢复比赛时，他应回到出事前的位置；

最后 5 圈没有中立圈。

凯林赛

运动员在摩托牵引下完成一定圈数之后，在距离终点前 600～700米时进行一次冲刺的比赛。

1. 摩托领骑员在快速骑行道骑行，开始的速度为 30 公里/小时，并逐步加速，最迟在比赛还剩 4 圈的时候达到 50 公里/小时（250 米的场地）。

2. 在裁判的指挥下，领骑员离开跑道。原则上在终点线前 600～700 米离开。青年女子、成年女子相应的速度为 25 公里/小时和 45 公里/小时。

3. 运动员出发的位置由抽签决定。运动员在追逐线上按顺序并肩排列，快速骑行道要空出位置。运动员由随行人员扶车，但不能推。

郭爽场地自行车凯林赛摘银

4. 当领骑员在快速骑行道接近追逐线时，比赛开始。抽签为 1 号的运动员应立即尾随其后，并至少要在第一圈内保持尾随。除非另有运动员自愿占据这个位置。否则，停止比赛并淘汰该运动员。重新出发时，由 2 号运动员立即尾随在领骑员之后。

5. 任何人不得在领骑员离开跑道前超过领骑员的后轮的尾部。否则，取消其比赛资格。

6. 比赛根据争先赛的规则执行。

7. 如果在 30 米内发生事故，立即重新起跑。

团体竞速赛

团体竞速赛是一系列分组赛，由两队每队 3 名选手在场地上骑行 3 圈，每名选手领骑 1 圈。

1. 出发在直道的中间进行。在资格赛中，各队的出发位置由裁判决定。接下来的轮次，在上一轮比赛中成绩列前的队在主席台一侧出发。

2. 里道运动员用起跑器出发，并作为领骑运动员。

3. 领骑规则：

领骑运动员在骑完第 1 圈后，从跑道外侧退出并离开跑

2010 亚运会场地自行车男子
团体竞速赛，中国夺冠

道，不得阻碍另一队的正常骑行；

第 2 位运动员领骑下一圈，然后以同样的方式退出比赛；

第 3 名运动员一个人完成最后一圈比赛。

4. 违反下列规定之一的队，名次降级为该轮次最后：

如果一名队员在其领骑圈结束前 15 米以上的距离换道；

如果一名队员在其领骑结束之后 15 米以上的距离换道；

如果一名队员推另一名队员。

麦迪逊赛

麦迪逊赛是由每队两名选手完成途中冲刺的比赛。排名由完成的比赛距离加上所获得的得分决定。

1. 在小于 333.33 米的场地上最多 18 个队参加比赛；在大于、等于 333.33 米的场地上最多 20 个队参赛。

2. 名次决定：

名次根据每队完成比赛的圈数多少决定；如果圈数相同则根据冲刺得分的多少决定；

如果所获得的圈数和分数都相同，则根据在冲刺得分中获得第一名的数量决定；

如果仍相同则根据在冲刺得分中第二名的数量决定；

最后由终点冲刺的顺序位置决定。

3. 比赛程序：

每队中一名选手进行原地出发并骑行直到第一个接力；

同一队的运动员可以按自己的意愿，通过接触手或者是短裤进行交接；

按争先赛的有关规定处理冲刺；

当一个队追上了主集团后面的运动员，该队被视为获得一圈。落后主集团的运动员不能帮助领先的运动员去超圈，否则取消其比赛资格；

如果在一个冲刺排名时，一个或几个运动员追上主集团，这些运动员将获得一圈，得分立即给后面的突出选手或者给主集团的领先选手；

被主集团超圈三次的队，裁判可以令其退出比赛；

男子场地自行车麦迪逊赛

如果某运动员摔倒或者出现机械故障，其同队选手应立即占据该队的比赛位置。这里不设中立圈；

如果某队两名运动员同时摔倒，该队有资格享受距离相当于2000米的中立圈。再重新上道时其中一名运动员应在发生事故前该队所处大集团的位置上回到比赛。在比赛最后2000米不设中立圈，该队的名次根据其发生事故时所完成的圈数和得分决定；

如果一半以上的队摔倒（以每队一名运动员计算），比赛须中断，裁判决定中断的时间。运动员重新出发，摔倒时各队的圈数和积分有效。

淘汰赛

淘汰赛是在每次途中冲刺时，淘汰最后一名运动员的个人赛。

1. 运动员在终点直道上集合。

2. 在一个中立圈之后运动员行进间出发，比赛开始。在中立圈骑行时，运动员要在一个集团内，以中等速度骑行。

3. 冲刺：

在不足333.33米的跑道上，每两圈进行一个冲刺；在333.33米或更长的跑道上，每

场地自行车世界杯 女子淘汰赛撞车

圈进行一次冲刺；

在不足 333.33 米的场地上，每个冲刺圈前要有铃声提示；

每个冲刺时，最后一名运动员将被淘汰，淘汰根据运动员的后轮通过终点线的位置为判定依据。被淘汰的运动员应立即离开跑道；

在比赛中的最后两名运动员进行最后的终点冲刺，他们的名次根据自行车的前轮前沿与终点线的先后位置来决定。

4. 运动员可能出现领先一圈的情况，但此情况不作为判定比赛结果的依据。

5. 运动员出现事故将被淘汰，如果一名或多名运动员涉及到事故中，可以根据跑道长度将下一个冲刺圈推迟一到二圈。

6. 如果跑道上剩下不足 8 人，出现事故的运动员即使没有跑完全程，也列在该集团的最后一名。

公路自行车竞赛规则

个人赛

1. 个人赛：出发顺序按上届比赛的前 15 名运动员的队排在前面，其余的抽签决定。各队按顺序从左至右排成一路纵队。出发信号为"预备"后鸣枪。如若抢跑，则以抢跑的时间加倍处罚，比赛进入终点前 300 米，必须直线骑行。当落后第一名到达终点时间的 20% 时，不计其成绩和名次。比赛进入最后 1 公里，如有一批运动员

公路自行车个人赛赛况

集团冲向终点，其中有人摔倒，不在外力帮助下，自己推车或扛车通过

终点，则与该批最后一名运动员的成绩相同，名次并列。对运动员犯规或尾随机动车辆者，给予警告或取消比赛资格；对明显落后的，裁判长可让其停止比赛。以运动员到达终点的成绩优劣排定名次，成绩优者名次列前。若两名以上运动员同时到达，且分不出冠军时，赛后应令这些运动员在原路线上退后 1 公里进行决赛，直至分出冠军。其他名次，若成绩相等时并列。个人团体赛时，判定名次以每个队前 3 名运动员的时间相加，成绩优者名次列前。

2. 绕圈赛：在封闭的环形道路上进行，集体出发。在小于 4 公里的路线上比赛，不安排随队器材车辆，可设固定修车点，以个人赛判定名次。

3. 个人计时赛：按上届比赛前 6 名以倒数顺序，冠军最后出发，其他抽签排定，排在前 6 名之前出发，间隔 30 秒至 2 分钟，由裁判员扶车。起跑用口令加黑白方格旗表示，赛中运动员不得互相领骑配合。从被超越者左侧 2 米之外超车，超越 25 米后方可进入原路线骑行。运动员在比赛中不能尾随前面 25 米以内的另一运动员，违者根据实际情况给予时间处罚。最后以运动员到达终点的成绩优劣判定名次，优者列前，若成绩相等，则名次并列。

团体计时赛

公路自行车团体计时赛

每队由 4 人组成，统一着装。在起点线后成横队，由裁判员扶车准备出发。顺序为上届前 6 名倒数（冠军最后）出发，其他队在前 6 名之前，按抽签决定出发。上届比赛前 6 名队出发间隔为 3 分钟，其余为 2 分钟，以旗示加口令出发。

比赛中，必须从左侧 2 米外超越，25 米后才可进入原路线。违者警告、罚时间，直至取消比赛资格。允许教练员指挥。赛车损坏，允许更换或修理。不许互相推车前进。每队须有 3 名运动员到达终点，并以第 3 名的最后成绩为该队成绩。时间处罚是根据尾随距离和骑行速度决定的。

判定名次以成绩优劣排定，优者列前。若两队成绩相等，以该队第 1 名队员的成绩判定，如仍相等，则名次并列。

分段赛

1. 第一天的出发顺序抽签排定，成一路纵队。以后各段的出发顺序按前一天个人到达终点的名次顺序排定，优者列前。

2. 每段比赛，当落后第 1 名到达终点时间的 20% 时，不计成绩和排定名次。如因下雨等恶劣气候，可放宽至 50%。未能骑完某段赛程者，不允许参加以后的赛段。可根据赛程，每段设若干途中冲刺点，每个冲刺点录取前 3 名。

3. 对于互相推车、尾随机动车、在饮食区外供食、借助机动车力量等犯规行为，将相应给予警告、罚时间、取消比赛资格等处罚。

4. 个人名次按每个运动员各段比赛成绩的总和判定，优者列前。如遇到成绩相等，则以获各段前 6 名名次多少而定，获第 1 名多者列前。若相等，则以获第 2 名多者列前，以此类推。如仍相等，则以最后一段终点冲刺名次的优劣排定，优者名次列前。分赛段各分段的个人前 3 名给予扣除时间奖，分别奖励 30 秒、20 秒、10 秒。

团体名次按各队各段前 3 名运动员的成绩总和累计判定，优者列前。如成绩相等，则以获各段前 6 名名次多者列前。如仍相等，则以获途中冲刺奖名次多者列前。如果再相等，则名次并列。

越野赛

1. 一般在冬季进行。出发顺序按上届比赛的成绩排列，优者列前。

如没有则抽签排定。成一纵队，集体出发。运动员可以从同一器材维修站换取整车，但运动员之间不得换车。

2. 如第 1 名运动员已通过终点，在其后尚未进入最后一圈的运动员则终止比赛；已进入最后一圈的则按其通过终点的先后顺序排列名次。如有脱圈的运动员，名次列后。

公路自行车越野赛

3. 分值确定及团体成绩评定：冠军 5 分，亚军 3 分。以此类推，团体成绩以该队前 3 名运动员的得分总和排定，分值少者列前。如无 3 名运动员的队伍，其团体成绩列在有 3 名运动员队伍的后面。

4. 运动员在跨越障碍或过沟时，需扛车跨越。

5. 对走捷径者，不在规定地点修车、换轮者，抢跑者，领先和落后者之间互相帮忙者，取消比赛资格。

山地自行车竞赛规则

山地自行车赛从一开始就被看成是一种独立的自行车赛事。参赛队员尽量避开过于平整的赛道，而选择艰难崎岖的山路，以考验他们的实力及自行车技术。正因为如此，选手除了必须具备相当出色的自行车驾驭技术以外，还必须配备一辆性能好而且结实耐用的自

山地自行车比赛

行车。所以，山地自行车与别的自行车不同。虽然山地自行车赛对于自行车及其零部件的型号没有作出特别的规定，但是由于比赛需要，人们通常选用车胎较大的自行车参加比赛。

赛段与时间

男子山地车赛的赛段在 40~50 公里之间（一般为 6~7 圈），而女子山地车赛的赛段相对较短，只有 30~40 公里（一般为 5~6 圈）。每圈长为 6~9 公里，这样有利于让选手们取得最好的总成绩。一般来说，男子最佳成绩为 2 小时 15 分，女子为 2 小时，但由于其他因素的影响，比赛成绩也会比这个时间多 15 分钟或少 15 分钟。根据一名顶级选手骑完一圈所需的时间，组委会对比赛成绩作出了上述预测，然后，又根据这些估计数据来确定比赛的圈数。例如，如果一位顶级女子山地车赛选手骑完一圈要用 30 分钟，那么，比赛组委会将把比赛的赛程规定为 4 圈。这样，比赛的最佳总时间就有可能是正常的 2 小时。

山地自行车比赛进行到森林公路中

山地自行车赛组委会在比赛的前一天晚上，根据当时的天气情况决定比赛的总路程。如果在比赛当天出现异常的天气变化，组委会也会改变他们原先作出的决定。

比赛服装

除出现在领奖台上的世界冠军服外，允许在比赛服（包括参加世界和洲际锦标赛的正式队服）上做广告。世界冠军服的复制品可按照国际自行车联盟有关规则来加工制作。在所有级别中，世界冠军服上允许做广告的范围和限制如下：

1. 在骑行服前后，国际自行车联盟五彩标记的上方 10 厘米高的长方形上。

2. 在两袖子上，高度不超过 5 厘米的单行广告。

3. 服装制造商的商标在每件骑行服上只可出现一次，而且最大尺寸不超过 25 平方厘米（5×5）。

4. 在世界锦标赛所有级别和项目的比赛中必须穿国家队服。

装备

1. 所有种类的山地车比赛中使用的自行车必须是只能由人力控制的车辆。

2. 在车辆的轮胎中不得使用金属螺钉或长钉。

3. 车辆的前轮与后轮必须统一，且尺寸不可超过 29 英寸。

出发与冲刺

比赛前，选手们在比赛的出发点集合。发令枪一响，选手们骑完长为 1.8 公里的第一环之后，回到比赛的始发地点，同时也将是比赛的终点，开始他们在正式赛道上角逐，完成事先预定的圈数。第一个骑过终点线的选手是此次比赛的冠军。

犯规与判罚

山地自行车赛与公路自行车赛及赛道自行车赛有很大的区别，即山地自行车赛的选手不能接受任何形式的援助。参赛选手在比赛中要自备修车工具，而且如果自行车在比赛过程中坏了，选手们应自己负责修理。选手一旦接受任何来自外界的帮助，会被立即取消比赛资格。队员一旦被发现有推搡其他参赛队员，或倚靠在他人身上，或者拉别人的运动衫等犯规行为，都将被驱逐出比赛。

在这样的情况下，参赛选手可以先骑完全部赛段，然后比赛组委会将通告这位犯规队员因为几处的犯规而失去了比赛的最终排名。比赛的裁判对此依据队员犯规的性质及犯规队比赛结果的影响对该名队员作出判罚。队员如果在比赛的最后冲刺阶段干扰其他队员，那么这名犯规队员将被取消比赛资格。为了比赛的安全起见，参赛队员可以换护眼镜，可以在赛道特定地点接受食物及饮料。队员如果在其他地方饮食将会被取消比赛资格。

比赛的其他规定

1. 选手必须戴头盔。

2. 选手必须严格按照规定的比赛路线行驶。

3. 当有队员超车时，其他队员应为其让道，不许故意阻挡。

山地自行车赛进行中

4. 队员如果在某环节犯规，可以继续骑完，然后将被驱逐出比赛。

5. 赛道上所有的障碍都必须是原来计划好的，而且事先通知过参赛队员。

6. 当有一名或几名队员在开赛时处于不利状况，比赛可以重新开始。参赛队员在比赛中处于不利情况的行为向裁判提出申请，但必须在比赛结束后 10 分钟内向裁判提出申请。

7. 在赛道沿线必须有剑形或其他标志告诉选手们前进的方向，前方是否有危险，以及危险程度。

残疾人竞赛项目竞赛规则

残疾人自行车竞赛的总则

自行车是目前最受欢迎的交通工具之一，也是一项老少皆宜的休闲娱乐活动。最初，残疾人自行车比赛由盲人和视力损伤的运动员参加，他们使用双人自行车参加比赛。

残奥会的自行车比赛包括：公路自行车赛和场地自行车赛。公路自行车赛在公路上举行，而场地自行车赛是在室内赛车场举行的。虽然残疾人自行车比赛的规则跟健全人奥运会自行车比赛的规则基本是一样的，但是为了适应残疾人身体的特点，仍然做了一些调整。

视力损伤或全盲、脑瘫、脊柱损伤、截肢或其他永久性体能不足的运动员可以参加残疾人自行车比赛。运动员按照功能分级进行分组。运动员的自行车都是根据其需要进行过改装调整的。

残疾人自行车运动的资格

参加此类自行车比赛的运动员必须持有国家协会发放的会员证。并在参加所有的残疾人自行车比赛时出示。

在残疾人奥运会的竞赛组织工作中，对参赛运动员进行医学功能分级是竞赛工作必不可少的一部分。根据运动员的能力进行系统地医学功能分级，是残奥会有别于奥运会的一个重要特点。进行医学功能分级的宗旨在于维护体育的公平竞争原则，提高残疾人体育运动的竞技性和竞争性。通常情况下，在比赛之前和比赛过程中对参赛选手进行分级鉴定。

1. 视力损伤

视力损伤的运动员使用双人自行车参加比赛，前座是一个视力健全的领骑员，后座是视力损伤的运动员。分级如下：

残疾人自行车比赛中

B1 级：双眼无感光，或仅有感光但在任何距离、任何方向均不能辨认手的形状。

B2 级：视力为从能识别手的形状到 0.03 或视野小于 5 度。

B3 级：视力从 0.03 以上到 0.1 或视野大于 5 度小于 20 度。

进行医学分级检测时，测试的视力应为最佳已校正的视力。凡使用隐形眼镜或其他视力校正镜的运动员，在检测时均应佩戴。但比赛时场上队员无论是 B1 级还是 B3 级一律戴官方提供的眼罩参加比赛，而不允许佩带眼镜或隐形眼镜。

2. 运动能力缺陷

运动能力缺陷的运动员被分为 LC1、LC2、LC3 和 LC4 四个等级，男女一起比赛。男女都按照同一个标准进行分级。但是，同样的分级结果，女子参加低一个级别的比赛。比如：如果一个女子运动员的级别是 LC1，那么她参加 LC2 级的比赛。

LC1：下肢轻度残疾或没有残疾的运动员。

LC2：一条腿有残疾，戴假肢或不戴假肢，能正常使用双腿踩自行车。

LC3：一条腿有残疾（上肢有或没有残疾），一般只能用一条腿踩自行车。

LC4：有多种重度残疾，一般影响到两条腿（上肢有或没有残疾）。

3. 脑瘫

脑瘫运动员参加以下级别比赛：CP1、CP2、CP3、CP4。男女运动员一起比赛。

CP4：残疾程度最轻的一组，运动员可以骑自行车。相当于 CP—ISRA（即国际脑瘫人体育和休闲运动协会）的 8 级和 7 级。

CP3 和 CP2：运动员可以选择是使用自行车（CP3）还是三轮车（CP2）进行比赛。相当于 CP—ISRA 的 6 级和 5 级。

CP1：残疾程度较重的一组，只能使用三轮车进行比赛。相当于

CP—ISRA 的 4、3、2、1 级。

残疾人自行车领骑员资格

领骑员必须在比赛当年满 18 周岁，必须持有国家协会发放的有效会员证。

现役职业自行车运动员不能作为领骑员进行残疾人自行车比赛。曾经代表国家协会参加世界锦标赛、奥运会的运动员要在 36 个月后，参加世界杯、地区性运动会的运动员要在 24 个月后，才能符合残疾人比赛领骑员的条件。

在残疾人自行车比赛中，每名视力残疾运动员只允许有一名领骑员陪同参加比赛。如果领骑员生病或受伤而不能参加比赛而换人，必须出示医生证明，并且，在该项目开始比赛前 24 小时提出，否则，不予以换人。

残疾人自行车运动的竞赛特点

残奥会自行车比赛包括场地赛和公路赛。场地赛包括计时赛、追逐赛、争先赛和团体竞速赛；公路赛包括个人计时赛和团体计时赛。

部分特殊规定：

（1）视力损伤的运动员使用双人自行车参加比赛时，前座是一个视力健全的领骑员，后座是视力残疾的运动员。

（2）双人自行车比赛中的领骑员可以是业余自行车运动员或三年内没有被其所在国协会选中参加国际自行车联盟（UCI）的任何比赛的职业选手。

（3）视力损伤的运动员或者引导员在同一天中不得参加两次比赛。

（4）在 LC1～LC4 级公路赛中，一个级别的运动员不能尾随另一个级别的运动员。

（5）肢残运动员在比赛中，根据其级别要戴不同颜色的头盔（LC1 为红色、LC2 为白色、LC3 为蓝色、LC4 为绿色）。

公路项目竞赛规则

运动员在同一起点，在中立的行进间状态下发令进行比赛，以运动员完成比赛到达终点线的先后顺序进行排名的比赛项目。

公路大组赛

1. 赛道要求

大组赛赛道通常选用环形公路，环形赛道长每圈应在 7 ~ 15 公里之间，赛道必须全程封闭。赛道宽应在 6 ~ 8 米，起终点处赛道宽不低于 8 米，并且，上坡的坡度不得超过平均坡度的 8%、最大坡度不得超过 15%、爬坡距离的总和不得超过总里程的 25%，严禁使用原地折返路线作为赛道。

如果环形赛道小于 7 公里，并且是无法变更的专用赛道，必须经过赛事主管机构批准才允许使用，如：利用摩托专用赛道作为比赛赛道。

通常，公路大组赛的起、终点设在同一地点。起点前应有 500 米的直段，终点后应有 100 米的直段。并且，其间要有良好的视线。

赛道上除了要设置明显的功能区域标识牌、骑行方向指示牌外，还要里程标识牌，如终点前 1 公里、500 米、300 米、200 米、100 米、50 米的里程牌。

赛道设计既要符合规则要求，也要考虑参赛运动员的残疾类别和运动水平的能力而进行合理设置。特别是对于三轮车、手动车比赛项目，以及青年组选手的参赛项目，要考虑选用合理的比赛距离和技术难度的环形公路赛道。

2. 比赛距离

世界锦标赛中，公路大组赛比赛距离设置如下：

残疾类别/级	最小级别	最大距离	残疾类别/级	最小距离	最大距离
MB	90 公里	120 公里	WB	70 公里	100 公里
MC5	70 公里	100 公里	WC5	50 公里	75 公里
MC4	60 公里	90 公里	WC4	45 公里	65 公里
MC3	50 公里	70 公里	WC3	40 公里	60 公里
MC2	40 公里	60 公里	WC2	30 公里	50 公里
MC1	40 公里	60 公里	WC1	30 公里	50 公里
MT2	25 公里	40 公里	WT2	15 公里	30 公里
MT1	15 公里	30 公里	WT1	15 公里	30 公里
MH4	50 公里	80 公里	WH4	40 公里	70 公里
MH3	40 公里	70 公里	MH3	30 公里	55 公里
MH2	40 公里	70 公里	WH2	30 公里	55 公里
MH1	25 公里	40 公里	WH1	25 公里	40 公里

3. 比赛运行程序与规定

不同竞赛类别的运动员可以进行同场比赛出发，但必须做好竞赛组织中各项编组和管理运行工作，避免过多的超圈和不同组别运动员同场比赛可能存在的安全问题。

4. 检录和验车

所有参赛运动员必须在赛前到检录区进行签到、检录、验车。检录时间为赛前 10～40 分钟。对于不同组别同场比赛的情况，裁判员要特别注意检查各组别参赛运动员佩戴头盔罩是否正确，以及规则对参赛车辆使用方面的技术和安全要求。

在比赛中运动员错误使用头盔颜色，将不予以出发、或者令其退出比赛、直至取消比赛资格的处罚。

5. 出车

比赛出发，运动员必须在至少200米的中立骑行后行进间出发，由发令裁判鸣枪或旗示进行发令。在操作过程中，要保证所有参赛运动员的安全和公平。

出发顺序应以双人车、自行车、手动车、三轮车类别和残疾程度由轻到重的顺序进行安排。

多组别参赛时，每个类别、每组间的出发间隔时间不得少于2分钟。

6. 尾随与配合

不同级别的运动员在同时出发进行比赛的情况下，可以进行相互尾随配合。但是，裁判团可以根据赛事实际情况和运动员的水平能力做出特别规定。如任何一个级别、组别的运动员尾随其他级别、组别的运动员，将被取消比赛资格；或不同级别、组别的运动员超越时，运动员之间必须保证左右2米、前后25米的空间避免尾随，否则，违例运动员将根据时间处罚规定进行总成绩加罚时间处理。

7. 通信设备

残疾人公路自行车比赛不允许使用无线电通信设备。

8. 比赛车辆

技术代表和总裁判长可以根据赛道的实际情况安排比赛道上车辆。如是否安排队车和公共器材车上道，以及上道车辆的种类、数量。

必要的竞赛工作和裁判车辆：开道车1辆、裁判车2辆、裁判摩托车4辆、医生车1辆、救护车2辆、收容车1辆。

9. 补给区和补给

大组赛中可以根据比赛距离和气候情况在适合的位置设补给区。饮食补给区域必须设在赛道两侧至少 50 米长的区域。补给时，允许各队工作人员徒步在赛道两侧为运动员进行补给。除了规定在第一圈和最后一圈不得供给外，裁判团应根据实际情况在赛前对补给时间进行具体规定。

10. 成绩与名次判定

在规定时间内完成比赛的运动员都将按其到达终点的顺序进行排名，并获得相应的成绩时间。比赛中被加罚的时间计入总成绩后进行排名，并进行备注；未到达终点的运动员、被取消比赛资格的运动员不予排名，并分别标注中途退出、被取消比赛资格。

个人计时赛

参赛运动员按照规定的出发顺序、时间间隔单独出发，以运动员完成比赛所用的时间多少进行排名的比赛。

残疾人自行车公路个人计时赛

1. 赛道要求

个人计时赛可以使用环形赛道或双向折返赛道，起、终点设在同一处。赛道宽度为 5～6 米；如果使用折返路线作为赛道，则之间必须使用硬质隔离带。

比赛赛道必须全封闭。

赛道除了设置必要的功能标志牌和方向指示牌，还应设置终点前 1 公里、500 米、300 米、200 米、100 米、50 米的里程牌。

个人计时赛的比赛路线可以使用与大组赛相同的环形赛道。

2. 比赛距离

世界残疾自行车锦标赛个人计时赛的比赛距离设置：

残疾类别/级	最小级别	最大距离	残疾类别/级	最小距离	最大距离
MB	20 公里	35 公里	WB	15 公里	30 公里
MC5	15 公里	30 公里	WC5	15 公里	25 公里
MC4	15 公里	30 公里	WC4	15 公里	25 公里
MC3	10 公里	25 公里	WC3	10 公里	20 公里
MC2	10 公里	25 公里	WC2	10 公里	20 公里
MC1	10 公里	25 公里	WC1	10 公里	20 公里
MT2	10 公里	20 公里	WT2	10 公里	15 公里
MT1	5 公里	15 公里	WT1	5 公里	15 公里
MH4	15 公里	30 公里	WH4	15 公里	25 公里
MH3	10 公里	25 公里	MH3	10 公里	20 公里
MH2	10 公里	25 公里	WH2	10 公里	20 公里
MH1	5 公里	15 公里	WH1	5 公里	15 公里

3. 比赛运行程序与规定

出发顺序：以规程或有关参数运动员的排名依次进行出发顺序和时间的编排。

不同残疾类别的运动员比赛时，应考虑运动员的出发顺序为最快的运动员最先出发、最慢的运动员最后出发，以降低发生运动员超越过程所引发的管理难度。

检录和验车：运动员根据各自的出发时间，在赛前 15 分钟到起点附近的检录区进行检录和验车。裁判应对上道运动员的身份和类别进行核实，核查运动员是否正确佩戴比赛号码，使用符合规则要求的比赛装备和赛车。

尾随：比赛中任何运动员在超越对手时，必须保证左右 2 米、前后 25 米的空间避免尾随。否则，违例运动员将被根据时间处罚规定进行总成绩加罚时间处理。

4. 比赛车辆

个人计时赛中应尽量少地安排上道车辆，总裁判长可以根据赛道的实际情况安排包括队车在内的上道车辆。

必要的竞赛工作车辆和裁判车辆：开道车 1 辆、裁判员 2 辆、裁判摩托车 4 辆、救护车 2 辆、收容车 1 辆。

成绩与名次判定：任何完成比赛的运动员将根据其完成比赛里程所用时间多少进行最终排名，优者列前。比赛中违例处罚时间应加入总成绩，并进行标注。

场地项目竞赛规则

残疾人场地自行车项目是仅为 B 类、C 类残疾人运动员设的比赛项目，H 类和 T 类的运动员不允许参加场地比赛。

场地比赛中，所有参加 1 公里/500 米计时赛、个人追逐赛项目的运动员和团体竞速赛项目内道运动员必须使用起跑器。

出于安全因素考虑，需要设置海绵块的项目可以在弯道前半圈不放置海绵块。

计时赛

运动员从同一地点出发完成规定比赛距离，并计下通过终点线的时间成绩，以运动员到达终点所用时间成绩进行排名的比赛。

计时赛项目参赛级别与比赛距离规定如下：

类别/级别	距离
MB、WB	1000 米
MC5、MC4、MC3、MC2、MC1	1000 米
WC5、WC4、WC3、WC2、WC1	500 米

编排方法：各竞赛组别运动员的出发顺序应根据上届获得前 8 名的运动员以倒数顺序进行出发。没有依据的运动员由裁判按照各残疾类别

和级别的竞赛分组抽签排定出发顺序。

比赛运行程序与规定：每名参赛运动员在上道前 10 分钟，必须携带全部比赛装备进行检录、验车。运动员必须在同一地点出发。电动计时，必须使用起跑器；手工计时，必须由同一名起点裁判员扶车。

电动计时由电子发令提示音发令；手工计时由发令裁判鸣枪发令。旗示裁判要及时示意运动员做好出发准备，并协助起点裁判指挥运动员上下赛道。

记圈裁判显示运动员剩余的比赛圈数，并在最后一圈打铃示意。

残疾人场地自行车个人计时赛

手工计时裁判运动员应有 3 人进行计时，并得出决定成绩。

比赛中，如果运动员发生事故可以重新起跑，每名运动员只有两次出发机会。

成绩与名次判定：根据运动员完成比赛的时间成绩进行排名，成绩优者列前。成绩相同，名次并列。

个人追逐赛

1：比赛距离

各残疾类别、级别运动员比赛距离如下：

类别/级别	距离
MB	4000 米
MC5、MC4	4000 米
MC3、MC2、MC1	3000 米
WB	3000 米
WC5、WC4、WC3、WC2、WC1	500 米

2. 编排方法

资格赛：由裁判决定运动员的出发顺序和位置，按资格赛成绩录取前 4 名的选手进入决赛。

决赛：在资格赛中，成绩最好的两名选手决出冠、亚军；另外两名选手决出第 3、4 名。

资格赛中，相同残疾等级的运动员应进行同场比赛；不同残疾级别运动员不能进行同组参赛。

决赛中，不同残疾类别的运动员则要单独进行比赛；同一残疾类别的运动员必须同组比赛。

3. 比赛运行程序与类别

每名参赛运动员应根据各自的上道位置，在赛前 10 分钟携带全部比赛装备分别在主道、次道检录区进行检录、验车。电动计时，必须使用起跑器；手工计时，必须由起点裁判员扶车分别在主道、次道出发。

电动计时由电子发令提示音发令；手工计时由发令裁判鸣枪发令。旗示裁判要及时示意运动员做好出发准备，并协助起点裁判指挥运动员上下赛道。

记圈裁判显示运动员剩余的比赛圈数，并在最后一圈打铃示意。

手工计时裁判应有 3 人进行计时，并得出决定成绩。

出发后半圈以内，如果运动员发生事故，发令员鸣枪停止比赛；立即重新出发，每名运动员只有两次出发机会。

4. 成绩与名次判定

根据运动员完成比赛的时间成绩进行排名，成绩优者列前。

如果出现成绩相同，则比较运动员最后一圈的成绩，优者列前。

双人赛车争先赛

双人自行车比赛是为视力残疾的男子组和女子组所设项目。在资格赛后，由两人一组对阵进行比赛，以运动员到达终点的先后位置决定胜负。通过不同轮次的对阵淘汰比赛，直至决出冠、亚军。

1．编排方法

比赛赛次，根据参赛运动员人数进行资格赛、1/4 赛、1/2 赛、决赛。具体对阵如下表：

参赛人数	赛次	组别	对阵	胜	负
8	1/4 赛	1	N1－N8	1A1	1A2
	4 组＊2＝4	2	N2－N7	2A1	2A2
	三战两胜	3	N3－N6	3A1	3A2
4	1/2 赛	4	N4－N5	4A1	4A2
	2 组＊2＝2	1	1A1－4A1	1B1	1B2
	三战两胜	2	2A1－3A1	2B1	2B2
4	7－8 名；5－6 名	1	1A2－2A2	第 7 名	第 8 名
	一战决赛	2	3A2－4A2	第 5 名	第 6 名
4	决赛	1	1B2－2B2	第 3 名	第 4 名
	2 组＊2＝2	2	1B1－2B1	第 1 名	第 2 名
	三战两胜				

2．比赛运行程序与规定

资格赛，每名运动员进行 200 米行进间计时赛，根据运动员取得的成绩录取进入下一赛次的对阵比赛。

资格赛中，运动员检录之后在次道放松准备上道，由发令员鸣哨发令、出发。运动员在跑道上骑行 3.5 圈，从在 200 米计时线处至运动员到达终点进行计时获得资格赛成绩。

从 1/4 赛开始各赛次均为三战两胜。出发位置可以

残疾人双人赛车争先赛

在主道追逐线。终点为终点线，运动员位置由抽签决定，内道运动员必须在第一个半圈内领骑。

比赛中，运动员必须保持骑行方向，除非与对手之间相距一个车长的距离。任何对对手造成不良影响的运动员都将被判罚。在未形成比赛结果之前，发生任何摔倒等公认机械事故情况都将重新比赛。

3. 成绩与名次判定

以运动员通过终点的先后顺序决定胜负。根据编排规则，按每一赛次比赛的胜出顺序，决定运动员的最终排名。

团体竞速赛

团体竞速赛是为男子、女子肢体残疾运动员所设的项目。

团体竞速赛中，每队报名最多允许3个人组成的男子、女子各一支队伍；每队报名运动员残疾级别相加不得大于10分。如下表分值对照：

男子	分值	女子	分值
MC5	5	WC5	4
MC4	4	WC4	3
MC3	3	WC3	2
MC2	2	WC2	1
MC1	1	WC1	1

比赛距离为3圈，3名运动员每人领骑一圈，每队以第3名运动员到达终点作为本队成绩。

1. 编排方法

比赛赛次为资格赛和决赛：

资格赛：由裁判决定运动员的出发顺序，在同一起点位置单独进行比赛，按资格赛成绩录取前4名的选手进入决赛。

决赛：在资格赛中，成绩最好的两名选手决冠、亚军；另外两名选手决出第3、4名。

2. 比赛运行程序与规定

赛前10分钟，各队运动员应携带比赛装备进行检录、验车。内道运动员必须使用起跑器出发。

接力区为追逐前、后 15 米的距离内，运动员必须在规定的区域内完成接力。比赛时检查裁判应位于接力区的起始点和结束点的位置。

残疾人场地自行车团体竞速赛

资格赛中，如发生事故，可在最后重新出发；每队可以有两次出发的机会。

决赛中，如发生事故，发令员鸣枪停止比赛；重新出发，再次发生事故的队被判负。

3. 成绩与名次判定

根据运动员完成比赛的时间成绩进行排名，成绩优者列前。

如果出现成绩相同，则比较相关队最后的成绩，优者列前。

PART 5 场地设施

自行车运动竞赛场地、设备和器材

自行车运动的竞赛场地

场地赛场地

自行车场地赛场地

赛车场竞赛的跑道用混凝土、沥青或木材建筑，跑道周长分 500 米、400 米、333.33 米、250 米，其中 333.33 米场地被国际自行车联合会定为世界锦标赛和奥运会比赛的标准场地。赛车场弯道坡度为 25 ~ 40 度。跑道上有 3 条彩色线，其宽度为 4 厘米，其中一条是测量线（一般是浅色底画黑线或深色底画白线），一条是快速骑行线（红色），还有一条是摩托车领骑线（天蓝色）。

公路赛场地

公路个人赛：一般在路面条件良好的环形公路上进行（不少于 15

公里），并尽可能选择既有平坦直道，又有上坡和下坡及拐弯（各种弯度）等各种变化的地形，以造成一定的难度。路面的宽度至少为 5 米，起终点的路面最窄处不少于 8 米。起终点应尽可能设在同一个位置，终点前直段不少于 500 米，终点后直段不少于 100 米。

要注意安全，尽量避免通过交叉路口等地段，道路上转弯、危险地点、修车地点、饮料站等沿途应设标志，距终点 5 公里以内设明显标志，必要时危险地段设保护设施。特别是离终点 1 公里处应设最后 1 公里标志，或挂 90 厘米边长的三角形红旗。终点线应由一条 4 厘米宽的黑线及两边各一条 34 厘米宽的白线构成，上空挂一红底白字"终点"的横幅（长 6 米，宽 30 厘米）。

100 公里团体赛：需选择一段延伸一个方向往返 50 公里的公路，公路的路面应是沥青或混凝土铺设，平整没有坑洼。路面宽度至少为 8 米，使两个队可以同时并排骑行。

公路赛场地

起点与终点应设在宽 4 米、长 300 米以上的地段，便于运动员起跑与高速冲刺。途中冲刺点可设在城镇或山坡处，路面要宽阔，冲刺点及其前 1 公里或 500 米处设醒目标志。

越野赛场地

山地自行车比赛路线应尽可能包括，森林公路和跑道、原野、土或砾石小道。经铺设的路面或柏油道路，不能超过比赛路线总长的 15%。起、终线的横幅放置于正对起、终点线（至少离开 3 米高）的上方，能覆盖赛道路面的整个宽度。

运动员可以成群到达比赛终点的骑行区域，必须是：自终点线前

50 米的路面宽度至少 4 米；自终点线后 20 米的路面宽度至少 4 米；终点骑行区域设在平道或上坡道上。

集体出发项目的起点骑行区域，必须是：自起点线前至少 30 米的路面宽不得小于 8 米；自起点线后至少 100 米的路面宽不得小于 6 米，之后赛道可以变窄。在出发后至少 750 米或 3 分钟的路程内需为平路或上坡。

越野赛场地

个人越野赛和速降赛的比赛路线必须被区分，并且不应有公用的小道。如果使用了公用小道，在每个赛道上要安排单独的训练时间。

自行车运动的装备

安全帽

又称头盔。运动员为保护头部所必备的护具。由金属或玻璃钢、皮革条制成，用双股带子紧贴耳朵在下颌处固定。运动员不戴头盔不能参加比赛。在中途也不准随意脱下，否则会受到警告或取消比赛资格的处罚。

安全帽

为了让头盔最大限度地发挥保护作用，其大小必须合适。新购买的头盔的束缚带和衬垫需要进行调整，以保证头盔在头上比较适合。同时还要保证所购买的头盔必须经过安检部门的检验，并有合格证。

骑行服

自行车运动的必备服装，分为运动衫和短裤。运动衫没有统一的颜色规定，但短裤统一为黑色。在团体赛中，全队服装颜色必须一致。比赛时骑行服上必须印有高度不超过 16 厘米的所属代表队名称。场地赛和公路团体赛时，运动员可穿从颈脖处开始至膝关节上 10 厘米处的连衫裤，公路赛可穿白色袜。

自行车运动骑行服

1. 骑行短裤

合适的骑行短裤能够在裆部起到衬垫的作用，不仅能增强舒适感，还能够很好地保护车手的裆部。购买骑行短裤时，首先要考虑的是短裤的质量。合成革的短裤用起来比较方便，并且可以在普通洗衣机中洗涤。这样的短裤在骑车过程中不会被鞍座磨坏，也不会向下滑，比较受山地自行车运动爱好者的喜爱，也比较流行。如果骑车只是为了休闲娱乐，那就要考虑购买一条带口袋和加网状衬垫的普通短裤。

2. 骑行衫

自行车手穿的骑行衫既可以保暖，又能防潮，后面还有口袋，可以用来携带途中可能会用到的东西，方便实用。除了考虑到实用功能之外，骑行衫的颜色还要鲜亮一点，以便能够引起别人的注意。由于骑行外出时，天气并不总是风和日丽，所以最好要同时配置一件比较暖和的夹克衫和一件可以挡雨的夹克衫。这在远距离骑车时显得尤为重要。如果经济条件允许的话，还可以考虑购买高质量的防水、透气的夹克衫。这类的夹克衫不仅重量轻、防水，还非常结实，不容易撕破。

骑行衫

3. 号码

号码布的尺寸须符合规定，牢固、平整地缝在规定位置。

赛车号码牌不得有锐角，号码系在车的横梁前部。公路个人赛（集体出发）和分段赛到终点若无车牌，成绩不予承认。

比赛服装上允许印生产厂家、名称和经批准的广告字样，字样尺寸、位置必须符合规定。

骑行鞋

骑行鞋由黑色皮革制成，无后跟，鞋底上安装卡子，用于联结脚蹬套用；鞋底硬性，以发挥脚踏蹬的力量。参加公路自行车赛的运动员必须穿着白色袜子，场地赛则对此不作规定。

骑行鞋

有助于提高车手水平的一个重要的因素就是购买一双质量较好的骑行鞋。硬底的骑行鞋不仅穿着舒适，还有助于最大限度地传送能量，减少骑车过程中的体力消耗，避免因为鞋底过软而造成的不适。选用带踏脚套的脚蹬，再购置一双质量相当不错的骑行鞋，即使骑行条件比较恶劣，也能对付。

　　骑行鞋如果保养得好的话，可以使用好几年。与公路自行车运动的骑行鞋不同的是，适合山地自行车运动的骑行鞋既适合骑车用，又适合短距离的步行用，这在山地自行车运动中尤为重要。因为在山地自行车运动中，车手时常要下车扛着自行车走上一段距离。

　　护眼镜

　　一副好的护眼镜不仅仅是一种时尚，更多的是它能起到防风、防沙、防止昆虫飞入眼内和眼睛被树枝刮伤等保护作用，同时还能过滤有害的紫外线和红外线。一副好的护眼镜不仅不容易破碎，还能起到护罩的作用，从光学角度来讲也非常完美。选择护眼镜时，最重要的是重量轻，戴着舒服，镜片适合各种光线。同时还需要准备一条细绳

自行车骑手护眼镜

挂在脖子上，以免摔倒时把眼镜甩出去。骑车时，当镜片被泥浆挡住，或者由于天气冷镜片被水汽覆盖住时，需要把护眼镜摘掉。

　　手套

　　一副好手套的重要性仅次于骑行鞋，它可以保证在任何天气中或任何地面上都能使车手紧紧地握住自行车车把，同时还能够防止手掌起泡，保持舒适。一旦摔倒，车手通常手先着地，这时手套还能起到保护手上皮肤和防止手掌严重擦伤的作用。手指较长的冬用手套还能够防止双手在比较冷的天气中抽筋。

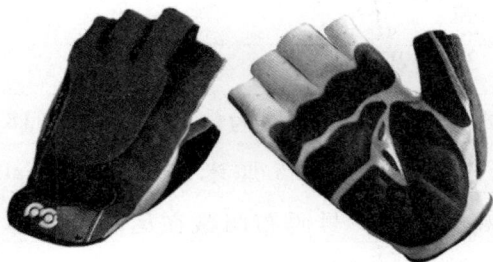

自行车运动手套

残疾人自行车运动的器材

在比赛中运动员除使用竞技自行车外，有些级别规定运动员必须使用双人自行车、三轮车或手动自行车。

1. 手动自行车（HC）

手动自行车是为日常生活需要轮椅或因为严重下肢残疾无法使用竞技自行车的运动员所设的，根据残疾程度分为 HC4/3、HC2/1。

2. 头盔

在正式比赛场馆进行比赛、训练、热身，运动员必须戴头盔。

头盔的颜色取决于运动员的级别：

男子双人赛，LC1 以及团体 2 级戴红色的头盔。

混合双人赛，LC3 以及团体 3 级戴蓝色的头盔。

LC4 以及团体 1 级戴绿色的头盔。

女子双人赛，LC2 以及团体 4 级戴白色头盔。

残疾人三轮自行车运动

3. 参赛标志

残疾人自行车比赛中，运动员身体号码布规格为白底黑字，高 18 厘米、宽 16 厘米；字高 10 厘米；字线宽度 1.5 厘米，字体为 Arial Black；号码布下部可以有 6 厘米高的广告。号码布佩戴在运动员身体两侧。公路比赛运动员还要带车架号码，其规格为圆角、倒边不规则长方形、白底黑字。高 9 厘米；上宽 13 厘米、下宽 11 厘米；厚 0.02 厘米；字高 6 厘米；字线宽 0.8 厘米。车牌号上部或下部可有 11 * 2 厘米的广告。

运动员参赛必须使用带袖子的骑行服，同队运动员必须穿着统一骑行队服，并且符合相关的骑行服广告规定。

4. 记录

残疾人自行车比赛中只有传统自行车和双人自行车比赛创造的成绩才能被接受批准相应赛事级别的记录，其他车型的比赛不受理记录核准。同时，创造记录的运动员必须持有其国家协会颁发的有效会员证，并且，要提供功能分级所认可的永久性残疾级别状况。

PART 6 项目术语

基本术语

硬尾：只配置前避震器，但没有后避震器的运动自行车，骑行时会感觉到车轮震感较强，故俗称硬尾自行车，简称硬尾。

软尾：既有前避震器，又有后避震器的运动自行车，俗称软尾自行车，简称软尾。

千卡：热量单位，也称"大卡"，相当于 1000 卡路里，亦即 1000 克水的温度升高 1 摄氏度时所需的热量。其中"卡"是卡路里的简称。

扭力：为了使部件产生扭转变性而施加的力，在物理学上应称为"扭矩"，以牛·米为单位。

强度：形容物体抗解体的能力。强度越大，抗断裂性越好。

刚性：物体抵抗形变的能力。自行车刚性越强越颠簸，舒适度越差，但有利于提高踩踏效率。

握点：手部握住车把时，与车把的接触点。

把横：车把的主体部分，即直接与把互相连接的横把部位。

爆胎：泛指轮胎穿孔、破裂，肇因可能是气压过高、内胎被刺穿、夹烂等。

炸胎：是爆胎情形中的一种，指气压过高导致轮胎直接被撑破、炸裂，是无法修补的。

磨耗：指某个物体在另一个物体的表面做相对运动，使后者接触面上的物质逐渐损耗。

传动侧：牙盘、链条与飞轮等传动部件所在的一侧，一般设在自行车前进方向的右侧。

圆度：指物体截面接近圆形的程度，指轮圈接近的程度。

圆跳动：转动轮圈时，轮圈因圆度不足而出现的上下波动。圆跳动越低，则轮圈越圆，骑行时上下颠簸幅度越小。

端面：原指圆柱形物体的两端截面，现指轮圈侧面，即与花鼓垂直的平面。

端面跳动：转动轮圈时，轮圈因端面不平整而出现的左右波动。如果端面跳动大，则轮圈端面不平。

束角：V 刹刹车皮的前端在刹车过程中首先接触轮框时，后端与轮框之间还留有 0.25 ~ 1 毫米的间隙，刹车皮与轮框形成的角度即为束角。

刹车线性：指刹车的制动力与按捏刹把的力道的比例关系。制动力的变化和按捏刹把力道的变化若成正比，则称线性越好。

培林：英文 Bearing 的中文译名，即轴承。在某些特定的语境下，由于约定俗成的缘故，我们仍然使用"培林"这个说法。

轮框曲率：用于描述轮框某一点上的弯曲程度的数值。

油碟：油压碟刹，刹车力道通过专门的刹车油（矿物油或 DOT 油）进行传输的自行车碟刹系统。

线碟：线拉碟刹，刹车力道通过钢线传递的碟刹系统。

夹器：刹车系统中用于夹住轮框或刹车碟片的零部件。

卡钳：碟刹系统中用于夹住碟片产生制动力的零部件。

来令片：碟刹系统中的碟刹片，主要包括刹车皮和背板。

刹车行程：按捏刹车把的过程中，从完全没有刹车力道到轮组被抱死时，刹车片移动的幅度。

刹车把的行程：从开始按捏刹车拉杆到产生制动效果时，刹车拉杆所移动的幅度。

矿物油：通过物理蒸馏方法从石油中提炼出来的基础油。自行车油压刹车系统中的矿物油一般纯度较高，不易吸水。

DOT 油：合成刹车油，常用于自行车及汽车液压碟刹系统，具有防热膨胀的特性，但容易吸水。自行车中常用的是 DOT4 和 DOT5.1 刹车油。

挡块：油碟刹车卡钳换油时，在来令片拆卸后，用于防止活塞被挤压出来的块料塑料。

指拨：安装在把横上、用于手动控制变速装置的部件，通常紧挨着刹车拉杆。

前拨：自行车的前变速器，又称前拨链器，简称前拨。

后拨：自行车的后变速器，又称后拨链器，简称后拨。

导向轮：后变速器上，位于上方的导轮，作为链条的变速导向装置，可改变和固定链条位置。

张力轮：后变速器上，位于下方的导轮，可为链条提供一定张力，使之固定在齿轮上。

踏频：脚踏每分钟转动的次数，以"转/分钟"为计量单位。

变速拉线比：是指变速时，前拨或后拨的变速线移动行程与拨链器挡板移动行程的比例关系。例如前变速拉线比为 1：2，即前拨变速线移动 1 毫米，前拨挡板移动的距离为 2 毫米。

齿盘：即牙盘上的盘片。

后胆：即后避震器，但在车友当中常称为"后胆"。

阻尼：Damping，是指任何振动系统在振动中，由于外界作用或系统本身固有的原因引起的振动幅度逐渐下降的特性，以及此特性的量化表征。

避震器行程：前叉主体部分通常由外管和内管组成，避震器行程即受到外力冲击时，避震器内管被压缩进外管的最大尺寸。

摇车：一种骑行技巧，又叫"抽车"，动作特点是采用站姿骑行，同时左右摇摆车身。摇车技巧多用于缓解长时间骑行后的臀部疼痛，以及上坡、冲刺时的加快速度。在沙石路面骑行时不宜摇车。

回弹速度：车轮遇到障碍物时，前后避震器内管被压缩后回复到初始状态的速度。其他参数不变的情况下，回弹阻尼越大则回弹速度越慢。

前叉锁死：通过液压或机械的方式阻止前避震器压缩，从而让前叉失去避震功能，防止踩踏过程中，因为车手发力引起前叉浮动而产生泄力的情况。

线控锁死：通过手动操控车头按钮来直接锁定避震器，使其无法发挥逼真作用。因采用钢丝线或油压线管来连接操控按钮与避震器，故称"线控锁死"。

底挡：安装于前叉头管最下方的环状垫片，与上管底部的底碗相贴合。

踩踏平台：后避震系统中用于限定油压的阀门机构，可以减少车手踩踏的力量被后避震器损耗。但是踩踏平台的开启通常会带来后避震器灵敏度的下降。

UCI：Union Cycliste Internationale 的法语缩写，国际自行车联盟。成立于 1900 年，总部位于瑞士洛桑，是一个以监督各国自行车赛为任务，并针对各种不同的自行车比赛制定出相关规章的非营利组织。

阿登古典赛：因为处于比利时与卢森堡交界处的阿登高原举办而得

名，特点是赛道狭窄，包含很多短距离陡坡，更适合冲坡型车手的发展。

古典赛：历史悠久的自行车公路赛事，时间可以追溯至 19 世纪。赛道包括鹅卵石道路，而不只限于普通公路路面，比赛过程往往十分激烈。

PART 7　技术战术

自行车运动的技术

自行车骑行基本技术

骑行姿势

1. 正确的骑行姿势

骑行姿势在相当大的程度上取决于车辆的尺寸、车座和车把的位置，应按需要来调整车把和车座，使车辆与身材适合。无论在何种情况下，都不可因车子各部分尺寸不合适，而勉强改变骑行姿势。运动员的骑行姿势是因人而异的，它需要根据运动员身材的大小和身体各部分的结构来决定。一般骑行姿势应为上体前倾，腰部稍屈曲，头部不过分伸出，两臂屈曲，肘关节稍向两边分开，两腿的膝关节保持稍屈的姿势。

自行车正确的骑行姿势

正确的骑行姿势不会使运动员感到紧张或不便，并能更好地踏蹬和更轻松地操纵车子，以推迟疲劳的产生。骑行姿势较低和车把不宽于两肩，可以减少空气的阻力；腰部屈曲可以使运动员更好地坐在车座上，不至于把大部分体重移到车把上，更加轻松地骑行，头部稍微倾斜，保持胸廓不受挤压，可以正常地呼吸；头部稍微前伸，颈部肌肉的疲劳程度就可以减少；两臂肘关节稍屈曲，冲击力不易传到整个身体上。

2. 几种不同的骑行姿势

自行车虽有各种各样的骑行姿势，但在原则上只有两种不同的骑行姿势。

（1）双脚"在臀部下方"踏蹬，是车座的前端（金属物的前端）位于中轴的上方，或偏后于中轴垂线不超过2厘米，又称"中心式"姿势；

（2）双脚"在臀部前方"踏蹬，是车座偏后于垂线超过2厘米。

经验告诉我们，最正确的骑行姿势取决于运动员身材的高矮和他的比赛专项。为了更好地明确每位运动员应该怎样选择最合适的骑行姿势，我们可以举例来说明一下。譬如，运动员在赛车场骑行，其身长是170厘米。他的身材是不匀称的，腿短上体长，同时大腿比小腿短。根据这样的身材，把车座安置在中轴垂线的上方，并将车把放得很低。这样，就形成了双脚"在臀部下方踏蹬"，下俯而紧凑的骑行姿势。

另一名运动员，身长是183厘米。他的身材也是不匀称的，腿长上体短。为了减少空气的阻力，应把车座向后移置，不使上体向上延伸，这样对踏蹬动作也很方便。由于运动员的上体短，迫使他将车把稍稍向上抬起并将伸距缩短。结果，形成了一种非常明显的双脚"在臀部前方踏蹬"的骑行姿势。

双脚"在臀部前方"的骑行姿势具有很多优点。运动员在骑行时以两块坐骨支在车座上，身体的姿势就可以自然得多，这种情况也为踏蹬动作创造了比较有利的条件，能使大腿和小腿的肌肉获得更高的活动效果。运动员在这种姿势时，还可以减少肩部的过度紧张，能更好地放松上体的肌肉，更容易保持行驶的直线性，骑行得更加轻便。其次，双脚"在臀部前方"时，运动员能较好地运用力量，在传动比增大的情况下，在逆风行驶、爬越小坡和中等坡道时，在不适应采用"离座立式"的骑行方法，但又必须保持速度等情况时，采用这种姿势，再运用双手拉紧车把的力量，就能够得到极其良好的效果。

经验证明，对于公路和越野骑行的运动员来说，采用双脚"在臀部前方"的骑行姿势较好。对于赛车场骑行的运动员来说，哪一种骑行姿势比较好是难以肯定的，实践证明，无论采用哪种姿势，都可以达到优秀的运动成绩。但跟随摩托车领先的运动员必须掌握双脚"在臀部下方"的姿势，因为将上体前移以后，就有可能更加靠近领先摩托车，从而更加充分地利用前方的摩托车和领先者在行进时所形成的强大空气涡流带。

车座的选择和调整

1. 车座的选择

自行车主要采用三种形式的车座（窄型的、中等的和宽型的），运动员应根据骨盆的解剖构造来选用车座。事实上只有少数运动员慎重地对待这个问题，大多数运动员往往采用过于狭窄的车座，而没有考虑这种车座对他们究竟是否合适。

在骑行时，为了使踏蹬动作具备有利的条件，运动员应以坐骨支在车座上，并感到坐得很舒适。车座后部的宽度对骑行时能否舒适，对于运动员的工作效能具有很大影响。每个人坐骨间的距离是不相同的，选择车座时应该注意这一点。如果坐骨间的距离很宽，即使在短距离的竞赛中也不应使用窄小的车座，必须采用宽阔的车座。否则，在行驶时车座就会嵌入坐骨之间，使坐骨肌过度紧张，引起会阴部位疼痛。这样，运动员无论如何也不能有正确的、自然的骑行姿势和完全合乎要求的踏蹬动作，亦不能取得优秀的成绩。

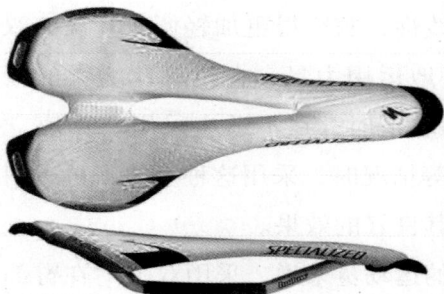

精致的自行车车座

窄小的车座只可以在赛车场短距离竞赛中应用，并且只有两坐骨间距离很近的运动员才能使用。当然，对于公路骑行运动员来说，都应采用宽阔的车座。养护车座时，应注意使皮革保持正常的绷紧状态而不可有很深的凸凹。否则，坐骨就会陷入凹部，使坐骨肌的工作条件不利。由于女运动员的生理特点，最好使用比较宽而柔软的车座，在任何情况下，就是在赛车场上，也不可采用窄小的车座。

2. 车座的调整

确定骑行姿势，要从调整车座开始。目前，根据运动员身材的高矮，采用4种调整车座的方法。

（1）将自行车放在平坦的地方，将车座平稳地固定好。车座的高度根据两腿的长度来调整。如果采用双脚"在臀部下方"的骑行姿势，或双脚"在臀部前方"的骑行姿势，就要调整车座至前轮中轴垂线的距离。然后坐上车座，将一个脚蹬放到最低点，使脚跟踩到下部的脚蹬时，不致过分费劲。如果脚跟不能踩到脚蹬，就需要将车座降低一些，如膝关节屈曲得非常厉害，就应该将车座提高。这样定位后，便可使腿部在踏蹬时稍稍屈曲，肌肉能够以全力进行工作。

（2）车座的高度按照前一种原则来确定，但必须将车座移过中轴垂线1~4厘米处。脚大为40码以上的运动员，脚跟不应该触到脚蹬，相差的距离为1~3厘米。当车座成这种位置时，从坐在车上的运动员髋关节引出的测垂线，应该在中轴与后轮轴之间通过，或较靠近后轴。

上面所提到的两种确定车座位置的方法都十分普遍，但它们有着较大的缺点。例如，车座是凭"目测"向后移置的，没有任何有关的人体尺寸，或任何其他特征的根据，膝关节屈曲成什么角度也没有精确的指示。

（3）由于运动员在确定双脚"在臀部前方"的骑行姿势时，很难说该将车座移至中轴垂线后多少距离，可用以下的方法来确定：将车座向上提起并向后移置，使小腿垂直脚蹬平面（脚蹬处在水平位置上）。这种方法主要是大腿短的运动员采用的。如果采用这种方法，就必须将车座移得较后。对于大腿长的运动员小腿应稍稍前倾，使垂线通过膝部的中心和大脚趾的底部。

（4）当脚在最低点时，应取适中的位置，这种位置对放松肌肉来说是最合适的。这种情况下，应该调整车座的高度，并向后移置。这种方法的优点在于，可准确地根据每一个运动员腿部的长短来定位。

3. 膝关节保持稍屈曲的姿势

在各种规定的骑行姿势中，都可以看到一个规律：当脚蹬的位置在最低点时，膝关节稍稍屈曲。这种姿势可使肌肉在紧张以后能够得到充分的休息。如脚蹬位于最低点时膝关节完全伸直，就会使肌肉完成一瞬间的、但却极其费力的工作，从而会影响踏蹬的效果。这在竞赛临近终点的一段距离时尤其重要，那时，运动员已经处于极疲乏的状态，更难以较大的力量和较快的速度踏蹬。

运动员骑死轮自行车时，各个死点的重合——膝关节完全伸直、脚蹬在最低点上的瞬间，还具有另外的意义。当膝关节完全伸直，脚蹬达到最低点时，依靠自行车和运动员重量的惯性而运动的传动装置，通过脚蹬杆和脚蹬开始使完全伸直的脚向上升起。在这种情况下，要求肌肉及时而迅速地进行工作，以使膝关节离开"死点"（当脚蹬到与中轴连线垂直于地面那点时，脚的蹬力通过巾轴，由于力臂为零，因此不做功，此点为死点）。否则，伸直的脚即支持上体，而变成制动作用的杠杆，使速度降低，并且可能引起倾跌。

此外，膝关节过度屈曲下蹬过程还没有结束，脚蹬就到了最低点，这时脚虽然达到了脚蹬的最低点，但肌肉用力所产生的往下运动没有结束。也就是说，在惯性的作用下，脚部具有继续下蹬的趋势。很大一部分下蹬力量并未用于使大链轮旋转，而可能造成脚从脚蹬上滑脱，使车辆受到震动，车把做多余的摆动，影响自行车的稳定。此外，由于不能适当地伸展腿部，便会很快地产生疲劳而失去力量，迫使运动员不时地从车座上站起，以伸展由于工作不方便而麻木了的肌肉，从而影响车速。

只有越野骑行运动员可以将车座放低到比标准高度低 1~2 厘米。这样，在失去平衡的情况下可以较快和较容易地支撑到地面。另外，可以比较迅速地上车，因为在越野骑行中必须多次上下车。根据越野骑行运动员的体会，膝关节屈曲所造成的缺点是完全可以得到补偿的，因为两脚的工作位置是经常在改变的（推车辆跑步，行走，在陡峭的山坡上以"离座立式"骑行法，在不易通过的地段时，稍稍站起等）。女运动员应该注意不要将车座过分后移或提得过高，以免使车座的前方边缘抬起。这样，能够防止耻骨损坏和碰伤。

车把的调整和上体的位置

1. 车把的调整

车把不能过于宽阔或狭窄，应该使转向很方便，把手应该便于用手握住，这对调整骑行姿势有很大的作用。许多运动员在确定车把位置时，使手的位置与前轮外胎在同一高度上，并处于前轴套的上方。有些公路骑行的运动员根据车架的长度，采用下面的方法确定车把的位置：肘部屈曲，贴放在车座的前端上，并将手指放到车把的上面。但是，经验告诉我们，死板地用上述的方法来确定车把的位置是不行的。因为从整个车把或把手，到自行车结构的某一最近零件的准确距离是不可能有的。这完全要取决于运动员上体的长度和臂部的长度，以及自行车的结构。

在确定车把的位置时应注意，上体的屈曲不应受到影响，骑坐要比较舒活；双手在车把上的位置不能使胸部受到挤压；从车把到车座的距离和车把的下弯程度应严格地与上体和臂部的长短相适应。同时，还要记住，为了使上体在车座上保持中心位置，除去用车把和车座调节以外，腰部还可以稍稍弯曲。如果应用伸距很短的车把，或是使用小的、与运动员身材不相适应的车架来过分地缩短骑行姿势，这是不行的。良好的骑行姿势的特征是背部稍带弯曲，与舒适地坐在椅子上的姿势相似。上体的倾斜度取决于运动员的专项和他的身材特点。

有些运动员，由于力求减少空气的阻力，过分放低了车把或肘部屈曲得过于厉害，而没有考虑到身材条件所容许的限度，这是不对的。将车把放得很低或两臂屈曲得太厉害，在快速行驶时，对克服正面的空气阻力确实能起到有利的作用，但由于隔膜受到力的压迫，呼吸的条件变坏，对力量的消耗很大。同时对于踏蹬动作来说，也很不方便。此外，车把过低或两臂过于屈曲，会引起上体过度弯曲，迫使运动员想向前方挺伸，并移坐到车座的前端，这就会使膝部屈曲得更厉害，从而妨碍两脚的动作。相关研究证明，头部做最大的倾斜或上体成 45 ~ 90 度的倾斜时，使内耳对感受器的压力改变，会减小伸肌的紧张程度。

2. 上体的姿势

应当避免背部拱起或挺直的骑行姿势，尤其应该注意肩胛骨不能拱起。当前倾的上体采取拱起的姿势时，会使背部肌肉极大地紧张，特别是腰部的肌肉，易于疲劳。平背或脊柱前凸的运动员往往会形成这种姿态。对于这些运动员，为了使腰部能够很好的弯曲，必须特别注意放松骶腰肌，并且不应将车把放得很低。女运动员车把的位置应该比男运动员的稍高些，这样可以使上体保持比较平直的姿势，从而将身体的主要重量移到坐骨上。

骑行时保持正确的姿势

要在车上骑坐得好，同样也需训练。首先从低速开始，然后逐渐地增加速度。注意始终保持正确的骑行姿势，一定不可压紧车把或将身体使劲地压在上面。这些动作将使骑行变得困难，并且不由自主地迫使多余的肌肉参与工作，引起整个身体过度紧张。上体紧张会使双脚的动作困难。在训练中，要注意在终点时仍要保持正确的姿势。为减小全身的紧张程度，并使踏蹬动作轻松而迅速，应该特别注意避免站立和移动身体、转头时转动肩膀、上体和头部过度前屈、晃动。头部姿势不正常，特别当头晃动时，会增加运动员辨别方向的难度，骑行的直线性和准确性也都受到影响。特别在终点高速行驶时，头部变斜对成绩会有影响。竞赛开始前不可改变已确定好的车把和车座的位置。改变了的骑行姿势需要在多次训练中才能逐渐地习惯。否则在竞赛前确定新的骑行姿势，便会影响成绩。

正确的骑行姿势很重要

确定了令人满意的骑行姿势并经过训练后，不要轻易改变，否则会影响成绩。运动员应该把这种骑行姿势保持到下一个赛季。在赛季终了或接近终了时，如对骑行姿势的正确性并未产生怀疑，应在车的各个部分上做出记号，并加以测量。在下一季节开始时，可按上一季节做的标记来确定骑行姿势，并检查一下影响上体、臂部和双脚姿势的各个装备：高度、车座皮面的松紧和车把的位置等。

自行车踏蹬动作

踏蹬动作是整个自行车运动技术中最复杂而又困难的动作。应该指出，许多运动员，甚至经验极其丰富的运动员大多还没有掌握完善的踏蹬技术，而往往用增大传动比、多用力气等方法来弥补踏蹬技术的不足。经验证明，只有那些正确掌握了踏蹬技术的运动员，才能比较容易地达到很高的速度。

脚掌在脚蹬上的放置和固定

脚掌在脚蹬上的正确位置应使脚蹬位于脚掌中部和脚趾之间。同时，鞋的前端伸出脚蹬5～7厘米不等（按脚的大小）。脚掌应该与脚蹬保持平行。脚蹬杆、脚蹬框或脚蹬轴如果扭曲不正，必须立即校正或换掉，否则，会改变脚掌的位置，使两脚动作困难。钉在鞋底上的专用鞋掌能帮助双脚稳妥地固定在脚蹬上，不至于在行驶时从脚套中滑脱。钉在鞋底上的鞋掌和束得很紧的皮带，可使运动员更好地完成踏蹬动作，大大加强猛蹬、冲刺和上坡时的两脚动作，更有可能充分地放松肌肉，同时利用皮带将脚掌固定以后，就不需肌肉特别用力地把脚保持在脚蹬上，从而减轻了肌肉的紧张度。

踏蹬动作的种类

在实践中，踏蹬动作基本上可分"万能式"、"脚尖朝下式"、"脚跟下垂式"三种：

1. "万能式"踏蹬动作

采取这种方法时，脚的动作如下：当脚蹬在最高点时，脚跟必须下垂8～10度，踏蹬力朝向上前方。到水平点时，踏蹬力量大，脚掌处于水平姿势。然后，当脚蹬和脚掌位于水平点和最低点之间时，踏蹬力减小。随着脚掌的逐渐降下，脚跟就逐渐上提，当脚掌在最低点时，脚跟向上提起15～20度。在"万能式"踏蹬的方法中，脚沿着逐渐改变的方向运动，因此，就有可能使力的作用方向与脚蹬旋转时所形成的圆周切线一致，并逐渐的增大其功效。按这种方法踏蹬时，

自行车踏蹬动作

由于脚跟下垂，膝关节和髋关节的屈曲角减小，大腿没有必要抬得很高，因而，在一定的程度上减轻了这些关节的运动。"万能式"踏蹬的方法，使运动员几乎在脚蹬杆180度的动作过程中有可能最充分地连续动用肌肉的力量，并且可以轻松地通过各个"死点"。因为当脚跟下垂成 8～10 度时容易通过最高点；脚尖朝下成 15～20 度时可以比较轻松的通过最低点。这种踏蹬方法，任何专项自行车运动员都可以运用。但是这种方法必须采用双脚在臀部前方的骑行姿势才能有效。

2. "脚尖朝下式"踏蹬动作

运用这种踏蹬方法时，脚尖在脚蹬杆旋转过程中全是朝下的，踝关节可以完全放松，脚尖在最低点处可以稍稍加大朝下的角度。当脚蹬的位置在最高点时，脚尖向下，与脚跟成 8～10 度的俯角；从最高点到水平点时，脚尖更加朝下 15～18 度。通过最低点后，肌肉即放松，脚尖恢复最初的姿势，然后朝下 8～10 度。动作就如此循环地进行。运动员在赛车场采用双脚在臀部下方工作时，可以采用这种踏蹬方法。这种方法对短距离运动员更加适用，他们的力量一般只能延续几分钟。在中距离竞赛和有摩托车领先的竞赛中，使用这种踏蹬方法，要使脚尖在最高点时保持 3～5 度的俯角，这样可以使踏蹬动作更加有力。不要害怕踝关节运动的幅度有些增大，这不会使肌肉增加疲劳。

尽管"脚尖朝下式"的踏蹬方法应用得很广泛，但也有很大的缺点。如当脚蹬连杆旋转到最高点时，由于脚跟向上抬起，使膝关节和髋关节形成锐角，给大腿和臀部肌肉的工作造成困难；当脚蹬离开最高点时，为了避免沿直线方向无目的地施加压力，必须稍迟一点踏蹬，因此，这样在脚工作的每一个过程中，有效作用期减少 20～25 度。此外，还有一个缺点，那就是在脚蹬旋转运动的各个阶段中，脚尖过分朝下（成 20～25 度），使腓肠肌产生很大的静力作用。经验证明，这种静力作用即使脚尖向上提起时还是继续存在的。这样就不能使运动员及时和充分地放松肌肉，因而容易疲劳，有时还产生痉挛现象，俗称"抽筋"。毫无疑问，这种踏蹬方法对运动成绩是不利的。

3. "脚跟下垂式"踏蹬动作

运用这种方法时，在踏蹬中脚跟都是向下垂的。这种踏蹬方法有两种。第一种方法：脚跟在最高点和最低点是朝下垂的；第二种方法：在最高点，脚跟与脚趾位于同一水平面或稍稍高于脚趾，而当脚蹬杆旋转时，脚跟则下垂。

在用"脚跟下垂式"踏蹬时，肌肉的作用与"脚尖朝下式"踏蹬时的相似，只是在工作过程中，胫骨肌在踝关节伸直后是做静力性工作，而腓肠肌则产生作用。在这种踏蹬中，有必要增大传动比，以便补偿双脚转动不够快的缺点，其效果不如"万能式"和"脚尖朝下式"踏蹬。它主要是在公路骑行和赛车场骑行中用来作为辅助的踏蹬方法——临时使用 5～10 秒钟，通过这种改变，能使双脚的肌肉得到休息。这时，可以从车座上站起，两脚伸直踏蹬。在实践中，惯用"脚尖朝下式"踏蹬的运动员往往也采用这种方法，以求在短暂时间内放松一下疲劳的肌肉。

踏蹬技术

在踏蹬动作中，其技术主要包括脚蹬旋转的技术和两脚同时用力踏提脚蹬的技术。其中，前者又可分为冲击式和回旋式旋转技术。

1. 冲击式的脚蹬旋转技术

当脚蹬离开最高点时，脚即做短暂的向下踏蹬的冲击动作。然后，另一只脚也做这样的动作。这种踏蹬动作在整个循环中包括两次短的冲击。因此，车辆不能平稳地行驶而是带有跃进的性质，速度也因冲力的大小而改变，在行驶中，时快时慢。采用大转动比和长脚蹬连杆的运动员大多采用冲击式的脚蹬旋转技术。另外，用这种方式踏蹬是非常紧张的，很快就会疲劳，结果造成肌肉无力而速度降低。

2. 回转式的脚蹬旋转技术

当双脚做回转运动时，运动的速度应该接近于等速。踏脚蹬的动作要很柔和，从水平点开始稍稍加大踏蹬的力量。如果从前面看去，双脚的工作与机车连杆的工作很相像。回转式的脚蹬旋转技术与冲击式的不同，由于回转式的动作比较协调，再加上向前下方踏蹬的重量，所以仅需要使用最小的力量就可以了。为了更有效地运用这种技术，必须紧紧地坐在车座上，上体不可左右摇晃，也不可上下移动。要使踏蹬动作不感到困难而且有所改善，还必须注意速度是依靠脚向下踏脚蹬取得的，但是，如果另一只脚在向上提起时不给予相应的协助，也不能保持已取得的速度。当脚刚一通过最低点，就需要自然地抬起，但不可使用过大的力量。不注意这一点，即使最有耐力的运动员也不能很好地掌握这种骑行技术。归根结底，问题不在于是否会用力踏蹬，而在于踏蹬以后脚抬起的技巧和腓肠肌的放松。许多运动员往往不能做到使两脚互相协调，而且上提的脚还因本身的重量抵消了下踏的一部分力量，犯这种错误的不单是新手，有经验的运动员也不例外。

3. 两脚同时用力踏提脚蹬的技术

在骑行中，有时在一段不长的时间内需要猛然用力加强踏蹬动作，如猛冲、终点冲刺、计时赛原地出发时的疾驰、上坡时"离座立式"骑行等。在自行车上，两个脚蹬杆相对处在一条直线上。因此，当一个脚蹬杆旋转1周时，它只从最高点经过水平点到最低点做半个圆周的功。为了在下半个圆周利用同一脚的力量来加速脚蹬的旋转，大多数运动员都采用双脚同时用力踏提脚蹬的方法来工作。当被捆脚皮条和脚卡子固定在脚蹬上的脚掌，从最低点到最高点时，用力向上提脚蹬，使这一行程也能做功。因此，使脚蹬旋转的力量有两个，即一脚掌自最高点经水平点到最低点的行程中是向下使用压力；相反，另一脚掌自最低点经水平点到最高点的行程中是将脚蹬向上提的。上述方法不可使用太久，因为在这种情况下有很大一部分肌肉处于非常紧张的状态，很快就会疲劳，使工作能力迅速降低。

脚蹬杆长度的选择

脚蹬杆的长度对两脚在踏蹬时能否正确地进行工作有很大的关系。运动员增加速度的方法有两种：加大车轮从而增大传动比，或者加快脚蹬的旋转。这两种方法都和脚蹬杆的长度有密切的关系。

许多运动员由于对掌握快速传动脚蹬的技术存在着不必要的畏惧心理，在确定有关传动比的问题时不敢使用中等的传动比，宁愿采用大的传动比。这样，脚蹬杆过长，导致两脚的速度没有增大。其实，这时对运动员更合适的并不是增大传动比，而是缩短脚蹬杆的长度。

为了掌握良好的踏蹬技术，必须选择与运动员两脚的长度及体力相适应的脚蹬杆。有些运动员，在选择脚蹬杆时常常只根据自己的身高，而没有考虑两腿的长度和解剖构造。其实在大多数情形下，在这一方面起决定作用的并不是整个身高，而是两腿的长度和体力，腿的长度和体力可能与身高是不相适应的。有些运动员以两腿肌肉结实有力为理由，证明他们采用大传动装置和长脚蹬杆是正确的。如果运动员的两腿强而有力（尤其是两腿较短时），当然可以将传动比加大。但是，在这种情况下却不应该使用加长的脚蹬杆。腿短的运动员在采用长脚蹬杆时，就不得不将腿抬得比腿长的运动员高些（与身高相比），他的膝关节和髋关节屈成不适度的锐角，这时两条大腿的工作便特别加重，而不像腿长的运动员那样，加重在踝部。因此，动作变得迟钝而累人。

的确，长的脚蹬杆在猛冲、原地出发后的疾驰等方面能发挥出力量，但是，这些暂时的优点补偿不了两脚在以后工作中的困难。此外，长的脚蹬杆还迫使两脚画出很大的圆圈，产生强力的摆动弧使车辆摇摆，同时，踏蹬动作也比较费力。短的脚蹬杆可以使自行车的中轴安装得较低，自行车就变得更加稳定，而踏蹬动作可以更加迅速、均匀而轻松。

掌握正确的踏蹬动作

自行车运动员的成绩多半是依靠两脚的正确动作，尽管看起来比较简单，但这种动作实际上很复杂，并且要特别细心地进行训练。在开始训练之前，必须要准确地规定出主要的踏蹬方法，分析各个动作，并记住动作的次序和两脚在旋转运动任一阶段中的位置，建立起动作的概念，并在训练中予以修正。

还必须培养出一种"踏蹬感觉"，这种感觉可以使两脚轻松而平稳地完成回转运动。有良好的"踏蹬感觉"，脚就不会有空踏，也不会过分用力，而是柔和地与脚蹬一起沿着大链轮圆周的切线下移，并在到达最低点时轻松地减去下踏力。放松的脚经过短时间休息后，又向上抬起，在这种情况下，运动员不应该有脚蹬在底下推动或是脚在拉着脚蹬上行的感觉。如果踝关节没有受到束缚，除两脚同时用力踏蹬脚蹬以外，脚掌的"活动"是很自然的。

学习踏蹬动作时，不必着急。发展踏蹬所需的髋、膝和踝部的柔软性以及增加大腿、膝部和踝关节肌肉的力量，是要经过很长时间才能达到的。运动员在踏蹬时应努力做到只让有关的肌肉参加工作。而在加速旋转时则不应使其他的对抗肌肉群有所负担，以免降低两脚的速度和破坏运动的平衡性。应该避免上体肌肉参与工作，踏蹬时，两肩和骨盆应该是尽量固定。开始训练时，应该以低速骑行（应用小的转动比），注意动作的正确性。加速时需要循序渐进，保持正确的踏蹬技术，并使肌肉逐渐地习惯必需的负担量。在一次训练课中重复各段的次数应该适可而止，使完成动作后没有疲劳的感觉，动作完成得正确而不耗费过多的力气。疲劳感是掌握踏蹬动作中很大的障碍，所以，掌握脚正确动作的练习，应在速度和耐久力的训练以前进行。掌握和改善两脚的动作时，开始的练习应该用较小的强度，但需多次重复。因此，骑行 10～15 段（每段 1～2 公里）的路程（各段路程之间作短时间的休息）比快速骑行 5～6 段（每段 500 米）的路程要好做。为此，应将自行车牢牢地固定在训练台上，使运动员能够专心于两脚的工作，不致因保持平衡而使注意力分散。

应该记住，只有掌握了正确的动作并达到自动化后，才能达到很快的速度。否则，在快速骑行时动作缺乏信心，同样也难以正确地完成各种动作。在学习踏蹬动作的期间，应该特别注意学会及时地放松肌肉。踏蹬时，肌肉的放松是短暂的，是运动员完全感觉不到的休息过程，但这种休息和轻松而有效的踏蹬动作有着密切的联系。脚蹬旋转要像游戏那样轻松自然。为此，在训练时和并行的运动员商量，互相观察动作，从后面看或向后回头，是很有益的。总之，是为了避免肌肉过度紧张和减少动作的拘束。在踏蹬时，肌肉应该富有弹力，但并不过度紧张，也没有痉挛现象。

自行车骑行的基本方法

每个自行车运动员不仅要经过高度的训练，掌握骑行技术，而且还要钻研自行车的骑法，只有这样才能掌握自行车运动的技巧。在每次的训练中都要系统地进行这些基本骑法的作业。

定车

定车是控制自行车所必需的方法之一。它是短距离竞赛技术和战术的动作之一，也是提高运动技巧的重要手段之一。定车训练有素的运动员，在掌握骑行技术方面会更快和更精，骑起车来便感到有把握，还会感到轻松、动作自如并会减轻两腿踏蹬的负担，无论以最慢

原地定车

的速度骑行时或是和运动员挤在一起骑行时，都不怕失去平衡。

此外，从战术角度看，善于长时间定车的运动员比那些体力与自己相等的但定车技术不如自己的运动员占优势。这是因为，在赛车场短距离竞赛中，尤其是在一对一的竞赛中，处在领先地位的运动员是不利的。因为他看不到后面的对手在做些什么，于是害怕对手冲到他的前面去，便不得不随时回头望，这样就会妨碍车的操纵，引起精神紧张和不安。事实上，尽管骑在前面的运动员随时回头望，但是他很难盯住对手，往往在对手已经加快速度开始猛冲了才意识到，此时自己再开始加速猛冲，大多数情况下还是会招致失败。此外，只要有谁一开始定车，对手就会在定车的战术和技术上进行激烈地竞争。被迫骑到前面去的运动员的意志便会受到挫折，情绪大大地恶化，不由自主地进行自卫。而对手在大多数的情况下，会因主动而获取胜利。

开始几次的训练课最好采用两手扶在车把上部、两腿伸直站在脚蹬上的定车练习。这种姿势容易使身体处在平衡点上。捆绑皮条不应系得过紧，以便在失去平衡时能用两脚撑在地上。掌握了这种姿势以后，便可以采用坐在车座上、两手扶在车把两端的定车练习。这时捆绑皮条应系紧，养成不用脚蹬地而保持平衡的习惯。要想把车定得稳，车的前轮应稍偏向一边，两个脚蹬应差不多处在一条水平线上，两脚前后放在车子前轮的后部。

车子定住以后，必须迅速找到身体的平衡点，并保持住它，然后借助脚的动作使车子稍微移动，使身体不失去已找到的平衡。方法是：运动员采取站立姿势，这时如果是右脚在前，那么前轮的前一部分就要转向右方。当感到身体快要失去平衡，并向右歪的时候，应使车子稍向右移动，移到歪斜的躯干的下方。为此，运动员可用前脚轻踏蹬子，但是踏蹬时要非常轻，只要能恢复平衡就行了。当身体平衡后，左脚轻踏，以制止右脚的动作。为了使身体恢复到需要的平衡点，有时两脚需做一系列迅速而协调的动作：如果身体向左歪，两脚的动作与上同，只是做的顺序相反。运动员坐在车上要放松，上身稍要紧张。为了有效地保持身体的平衡，两眼最好向前下方看，看前轮的下部。不仅应当会在直道上定车，而且还应当会在弯道上定车，这样更能提高骑行的信心。

尾随

"尾随"骑行有什么好处呢？在骑行中，前面骑行者的身体受到迎面空气的阻力，便产生涡流，带动身后的一部分空气，在后面骑行的人处在这种气流中，就可以消耗较少的体力，借以保持与前面骑行者同等的速度。也就是说，可以在途中少费踏蹬力量借以进行终点冲刺。速度越快，"尾随"就越有利，因为速度越快，空气的阻力也就越大。另外，在成队竞赛中，在后面骑行的运动员快速骑行一圈以后可以稍稍休息一下，以节省体力。

在赛车跑道上"尾随"骑行，应尽可能接近前车的后轮，距离15～30厘米，并稍向右偏15～30厘米，以避免危险。如果前车突然降低速度，在后面骑行的人也有可能稍向右骑开一点，略微骑行到前面去，不必采用骤然刹车的方法，这样既能节省体力，又能保持速度。有些运动员在赛车场比赛的时候把自己车子的前轮保持在前车后轮的左方，这是危险的做法，因为，若是前面的人顺跑道的内缘骑行，突然降低速度，骑在后面的人就来不及急刹车，不得不离开跑道，骑进圈内去。在这种情况下，不摔倒也得输给对手。

但是实践证明，训练有素、成绩优良的队，为了少骑1米和更好地避风，他们整齐地排成一条线骑行，在弯道骑行时，有的采用左侧"尾随"的骑法。"尾随"骑行者有时碰到前车的后轮，如果是个新手，多半会因缺乏训练摔下车来。有些运动员碰车时摔下来是因为当车子的前轮从右面或从左面碰到前车的后轮时，便下意识地急刹车，上体向前轮歪斜的一方倒去，车把也不自主地转向一方。这一切都发生得非常迅速，使得运动员立刻失去平衡，车轮靠到前车的轮子上，结果摔下车来。其实，在这种情况下，避免摔下来并不困难。从右面碰车时，无须刹车，只要迅速将身体连同车子一块向右歪，同时将车把也向右转。这样后车的前轮便与前车的后轮分开，骑在后面的人不但不会摔倒而且也不会失掉速度。如果是从左面碰车，便向左方做同样的动作。碰车时避免摔倒的方法必须运用得熟练。因此，在训练时应实地练习这些方法，故意碰车并用上述方法摆脱。经过如此练习的运动员，在碰车的时候便十有八九不致摔倒，也不会害怕成组挤在一起骑行。"尾随"骑行应系统地在每次训练中进行。最初与前车的后轮保持 50～60 厘米的距离，然后随着骑行及踏蹬技术的提高，便可以做 15～30 厘米距离的"尾随"骑行。

公路竞赛的"尾随"骑法与赛车场的相同，只是在公路上根据风向和战术既可以在右面"尾随"，也可以在左面"尾随"。如果风从正前方来，则由一人领头，成一路纵队骑行较为有利。如果风从斜侧来，与前车的后轮取齐"尾随"骑行。其他的人在后排就应当靠前一些。在分组竞赛中，"尾随"骑行有各种不同的方法，究竟用哪种好，需根据风向和战术的要求来决定。"尾随"骑法不宜在下坡和转弯的时候采用。因为这样会限制对路面的观察，可能发生事故，下坡时最好向旁边骑开；而在转弯时要稍向后一些，更有效地依靠自行车和上身的倾斜单独转弯，这样做还可以预防前面骑行者摔倒时自己受累。上坡时也不应采取"尾随"骑法。这是因为：第一，前车骑行的速度不平均，路线不是直的；第二，上坡时速度显著降低，"尾随"的意义不大；第三，由于和前车的后轮距离较近，当上坡需要用双脚用力踏蹬和用离座立式蹬车的时候，很难灵活地调度车子。

领骑

在自行车比赛中往往会有领骑，此时，自行车运动员和摩托车领骑者都应有专门的骑法。

1. 领先者的骑行法

用摩托车领先竞赛的出发顺序，在竞赛规则中规定如下：运动员列在出发线的后面，摩托车领先者按裁判委员会指定的次序沿弯道行驶，驶到距运动员们 60 ~ 75 米的时候，裁判员命令领先者出发，出发后领先者就有权去为出发的运动员领先。当驶到距运动员 50 ~ 60 米的时候，裁判员命令运动员出发。

领先者出发的方式如下：领先者以 2 米的间隔在两条检查线的当中鱼贯地驾驶摩托车前进。第一个领先者领着站在出发线后

自行车运动领骑员

的第一个运动员，第二个领着第二个运动员，以此类推。领先者在运动员未出发前沿跑道行驶的速度，由第一个领先者根据发令员的指示掌握。

如果领先者能迅速而正确地与运动员接合，运动员就能花费较少的体力顺利开始竞赛。当发出"出发"的口令，骑在最前面的运动员有权根据自己的战术用任何速度骑驶，领先者在与运动员接上以前，一般不得互相超越。

领先者应该了解自己和对手的摩托车发动机的功率及加速的性能，根据情况来安排出发的战术，如果自己摩托车的发动机的功率大，加速性能好，一开始就换用四挡，在出发点上只借加油来调整速度。如果摩托车的功率不够大，加速性能不好，就应该运用排挡（可变传动）调节速度；向出发线进发以前用三挡；听到出发口令后，发挥三挡最大的速度，然后迅速换为四挡，马上加大油门。这样做，甚至发动机相当差的摩托车，出发的动作也能抵得上发动机较好的摩托车。

领先者在与运动员一起训练前，应该先练好独自沿赛车场跑道骑行的技术。练会在直线上及弯道上保持行驶的直线性，练会均匀地驶入弯道及驶出弯道。进入弯道时上体应该逐渐倾斜，不可过猛，以便运动员

与其接合时来得及使身体与车子做同样程度的倾斜。驶出弯道时，由倾斜姿势恢复成一般姿势也应该是均匀的。在弯道半径小的赛车场上，要想均匀地由直线进入弯道，领先者应该预先由跑道内缘稍稍往右驶开些（半径越小就需要驶开得远些），沿第二条检查线驶过弯道，然后均匀地转入直道。增加速度应该是逐渐的，只许一圈稍微提高一点。领先者回头看运动员或安全滚杆与他的车子前轮相碰的时候，不应使摩托车的运动失去直线行驶。领先者应该把视线集中在第二条检查线前 50～60 米的地方。

引领员领骑中

超越对手的技术，领先者也应先独自练习，然后与运动员一起练习。驶到距前面的对手右边骑开 1～1.5 米，加大速度，进行超越。超越之后不可立刻占据跑道的内线，应该等进行超越的运动员与被超越的领先者之间的距离在 3～4 米以上时才可占据内线。

领先者应该学会不拉离合器、不减少油门的刹车技术，这是在出发后与一定运动员接合时，消除运动员与安全滚杆间出现不应有的距离所必需的。在这种情况下，为了减低速度，可以单用脚刹车，或者脚刹车及手刹车并用，这要看行驶速度及已出现的距离的大小。如果在出发后与运动员的接合时行驶的速度大，踩脚刹车就不能只踩一次，应该踩一下就放开，然后再踩再放开，连续这样做若干次，否则车子就会往侧方向滑去。

领先者在赛车场跑道上独立进行很多的训练以后，才能开始与运动员一起进行训练。领先者应该与其他的领先者一起多练几次出发的技术，同时应该掌握必需的动作，尽可能和最前面领先者的动作一致。

2. 自行车运动员骑行法

听到"出发"口令后，就从车座上站起来，双脚用力踏提脚蹬，尽快地发挥出疾驰速度。驶过 20～30 米以后，应将这种紧张的骑法改为离座立式骑法。当摩托车加入的时候，就在安全滚杆后面找好位置，紧紧地坐在车座上，然后加大速度，上体和两臂不要过分紧张。

出发后的疾驰只能在第一条及第二条检查线之间的范围进行。骑行第一圈时，当领先的摩托车尚未加入以前，运动员不得驶出检查线外。只有当运动员距自己的领先者在 1 米以内时，才可以超越前面的对手。

尾随安全滚杆的程序：领先者迅速追上运动员，减低速度从右侧超过去，这时并不越过第二条检查线。当领先者与运动员齐平的时候，运动员把速度稍微加大，越过第二条检查线，跟在安全滚杆后面。

领先者与运动员的接合对以后的工作有很大的影响，因此，需要共同的训练。在训练中，包括运动员的出发技术与加入摩托车配合的系统作业，都必须进行专门的训练。

运动员应在摩托车后面距安全滚杆 5～10 厘米处骑驶，使前轮正对安全杆的当中。老是看着安全杆是不好的，应该不时看看领先者后面的其他东西，不时往两侧看，或是通过领先者的肩膀看前面的对手。这种不拘束的观察会提高骑行的信心及勇敢精神，会使上体和两臂不参与工作的肌肉得到放松。不要害怕碰到安全滚杆，这是没有危险的。当迫不得已碰到安全滚杆时，也应该使车子与滚杆成直角。在任何情况下碰到安全滚杆时都不可以转动车把，否则会使车子侧倒，特别当速度很大时。为了碰上安全滚杆时不害怕，应该在赛车场上最初若干次的训练中故意碰滚杆，先以低速然后逐渐加大速度地来练习这种动作。这样运动员就能习惯并不害怕碰上滚杆，使动作更有把握。

虽然不害怕碰上安全滚杆，但是在竞赛中应该尽量避免这种现象。因为猛然碰撞会导致刹车，速度降低，增大与领先者之间的距离，运动员要做很大的努力才能赶上，这对骑行是不利的。在进入弯道前10~15米时，应该减小踏蹬力量，放松肌肉，这时特别重要的是要与领先者一致，使车子及上体向转弯的方向倾斜。如果在弯道上风从左侧吹来，运动员就应靠滚杆的右侧骑行；从正面或右侧吹来，就应正对滚杆的当中骑行。在进入弯道以前，应该减小踏蹬力量，部分地利用溜驶，因为摩托车的速度在拐弯时，特别是当风从正面吹来时会稍微降低。这时耗费力量去碰安全滚杆使速度降低是没有必要的。因此，运动员应该利用进入弯道的机会休息一下。一般骑到弯道的中间时，运动员与安全滚杆有30~40厘米的距离。当从弯道驶出进入直道时，运动员重新踏蹬，逐渐接近滚杆，与领先者恢复正常的距离。

虽然运动员与领先者在训练中一起很好地研究过，领先者事先知道要以什么速度领先，但为了使速度准确、两人配合得更好，还要采用适当的信号。例如，当需要增加速度时，运动员简短地喊一声"加油"，当必须减低速度时，就拖长声音喊"慢些"。如果由于某种原因与滚杆的距离加大了，应该以最省力的办法赶上。为此运动员应该继续用力快骑，及时地（在与滚杆间的距离刚一加大时）向领先者发出要求减速的信号，领先者听到信号以后，均匀地减低车子的速度，等运动员十分接近滚杆的时候马上加大速度，这样就能避免车子碰到滚杆上。如果运动员与滚杆的距离偶然加大了，而运动员这时感到有足够的力量赶上，那就不必发出减低速度的信号。当运动员感到用原来的速度已支持不了的时候，应该马上要求领先者减低速度，不要等到增大了距离时才发信号。信号发得及时，领先者就能及时降低速度，这样运动员就能不费力地转入力量所能胜任的速度。

猛冲

猛冲的方法有两种，技术完全不同。最有效的，也是最难的方法，是运动员从车上站起来，两臂屈曲，上体向前移；与此同时，一脚用最大的力量踏蹬，而另一只脚借助脚卡子和捆脚皮条同样用力地向上提脚蹬。当左脚踏蹬时，左手用力向怀里提车把，给身体造成一个良好的支点，以便脚能使出最大的力量；这时右手也用同样的力量向下按车把。这样，一方面可以保持车把平衡，不改变骑行的方向，另一方面也可以加大右脚向上提脚蹬的力量。

在猛冲时，整个动作都应做得协调、一致，而且迅速。踏脚蹬时，上体应猛力倾向车把，这样就能充分利用身体的重量，与两脚急剧向后用力形成"平衡"。用这种方法猛冲时，上体的前倾有不同的姿势，这取决于骑车的姿势和自行车的结构。如果车身短、前叉的倾斜度小，车座离车把近，上体就少向前倾些。反之，上体就多向前倾些。上体过于前倾，可能产生后轮空转的现象。

第二种猛冲方法与前一种完全不同。运动员身体稍向车座的后部，两臂几乎完全伸直，而且腰部弯曲，然后用一只脚踏脚蹬，另一只脚提脚蹬。为了给身体形成更有力的支撑，两臂应伸直，竭力向怀里拉车把。运动员紧坐在车座上，是为了能够使出足够的力量，尽快达到最快的速度。

不论用上述的哪种方法猛冲，头都要稍微抬起，因为这可以增加伸肌的紧张力。

在赛车场跑道上用猛冲的技术来开始终点冲刺往往是最有利的。但是，也必须记住，猛冲要费很多的体力，长时间不停顿地进行猛冲是支持不住的。在终点段用如下方法猛冲会有较好的效果：猛冲 3～5 分钟后，紧坐在车座上，稍微放松一下肌肉，再重新猛冲，然后换做轻松地踏蹬，保持住已经获得的最大速度。

在训练猛冲的技术时，不应当固定用一只脚开始，否则，在准备猛冲时就会被对手发现。在竞赛中猛冲应做得出其不意，不要等到有力脚达到有利于猛冲的位置时才进行，应该学会任何时候和用任何一只脚开始都能猛冲。在猛冲时不可闭气，并且在有力脚用力时，应当呼气。在这种情况下，用力呼气能提高工作的效能。呼气和用力踏蹬动作的互相配合，是每个运动员必须掌握的关键。在学习猛冲的完整动作以前，必须先分别学习它的各个单独的部分。例如，学习第一种猛冲时，应先掌握离座立式骑法，然后再掌握身体快速离开车座、两臂撑车把的动作，而这些动作都应当以慢速骑行来做。这两个基本动作学好以后，再加上两脚用力踏提脚蹬的动作。在学习掌握猛冲方法的最初几天里，不必使用全力，而是体会身体、臂部、腿部、脚蹬等的最佳位置。

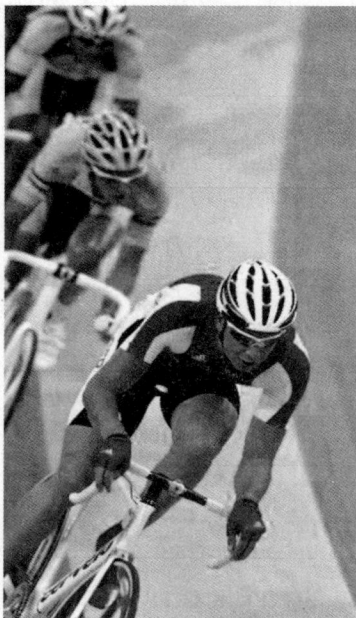

自行车运动终点猛冲

开始练习猛冲时力量不要太大，掌握动作后便可用全力猛冲，这时，踏蹬的力量应均匀，身体应紧紧地坐在车座上。如果猛冲动作做得不好，就不应继续练习，必须停止练习，进行休息，然后做两三次不用全力的猛冲，纠正动作，而后再继续练习全力猛冲。每次练习猛冲时，不应过度用力，可是一定得用最大的力量，在五六次猛冲中，起码应有三次以上做得轻松，不过度紧张，但却快速、有力。在赛车场上以全力练习猛冲以前，应先熟练掌握各个终点段的骑行技术，即不间断地逐渐加速，迅速地骑行最后的 150 ~ 200 米。

猛冲训练的目的在于学会在瞬息间集中力量加大速度，猛然摆脱对手，对对手的猛冲能有及时反应的本领。因此，在训练时（特别在竞赛场上）应该制造接近于竞赛的气氛，即练习在赛车场或公路上的一定地点和练习者事先不知道的地点开始猛冲。也就是说应该练习有意识的猛冲，也要练习好特殊情况的猛冲。为此，在训练时可以利用传到赛车场来的各种音响，譬如，汽车喇叭声、电车的笛声，或者请别人突然发出约定的某种信号，把这些音响当作猛冲的信号来进行练习，就能训练自己时时戒备，使神经系统随时有猛冲的准备。

终点冲刺

终点冲刺是取胜的最后一关。终点冲刺与猛冲不同，猛冲是自愿地或速度相当低的时候开始的，而终点冲刺则是在快到终点的时候开始的。

终点冲刺有三个要点：

（1）迅速确定冲刺的距离，以便在这最后的几米内发挥最大的速度；

（2）不要过早冲刺，因为这样到终点前速度会急剧降低；

（3）冲刺时踏蹬的力量仍是柔和的，不需要过分用力，否则，反而使动作僵硬。

终点段疾驰

在自行车竞赛中，对每一个运动员来说，终点段疾驰是最紧要的关头，这时应以最大的速度驰过最后的 200～300 米。不论用猛冲的方法也好，用逐渐加大速度的方法也好，甚至用其他的任何方法开始终点段疾驰，目的就是加大速度。两脚动作愈快，速度提高的也就愈快。表面看来，当进行终点段疾驰时，显然有必要猛然用上全身的力量。但是即使用猛冲的方法开始终点段疾驰，所用的力量也只能以有利于把速度增加到最高点为限。否则，就将产生后轮空转，车子向两侧摇晃，不依直线进行等状况。由此可见，加速必须以有效地使用力量的原则进行。

用猛冲的方法进行终点段疾驰时，猛冲做得越猛，则用最大速度冲刺的距离就愈短，这样比较有利；否则，冲刺的距离若是过长，则结束时冲刺就会变得无力了。在练习时，应当摸索出以猛冲开始、冲刺结束的终点段疾驰的距离，以便在竞赛时准确开始终点段疾驰。逐渐加速的终点段疾驰，一般是以均匀的速度疾驰的。用这种方法进行终点段疾驰，其体力的消耗就不像用猛冲方法那样大。但是，这种方法有缺点，可使对手得以安然"尾随"，以致在最后的直道上和自己进行激烈地竞争。在这种情况下，对手是占优势的。因此，不论采用任何方法做终点段疾驰，都要在发挥出必需的速度以后保持住。

在最后 50～70 米，更要加大速度，以终点冲刺结束全程。在任何情况下都应该坚持到底，甚至在终点段疾驰的一开始就不顺利，或者是对手比自己强，或者是在最后的直道上被对手赶过也不例外。终点段的呼吸应当深而频繁，而且愈接近终点线，呼吸的频率也就愈大，但是不要变为短浅、频促的呼吸。在半径不大的赛车场弯道上，以最大的速度做终点疾驰时，为了避免在转弯时车子受惯性作用发生侧滑的危险，当进入弯道时应稍往右骑开一些——紧靠第二条线骑行，然后大胆地与车子一起向左倾，重新靠近第一条线骑行，眼睛注视前方 20～30 米的地方。还应改变向怀里拉车把的习惯，以免加重两腿的工作。

为了使战术尽可能多样化，运动员应该学会各种终点疾驰的方法：

1. "尾随"开始的终点段疾驰

在途中骑行时，应设法在最后的 200～300 米上采取"尾随"前车的战术。这样在轻松地骑过终点段绝大部分后，就能储备力量，以便在最后几十米加大速度，在终点线前做决胜的冲刺。

2. 与前车有一定的间隔开始的终点段疾驰

位于第二的运动员开始疾驰时，必须与前车保持 2～5 辆车身的间隔，以前面领先而且首先开始终点段疾驰的对手为目标，跟在他后面加速前进。这样，在追上对手时便获得了比对手更大的速度，这时就不需尾随而是飞速超过去。不论是在弯道上，或是在直道上都是如此。

3. 一般的终点段疾驰

运动员发挥出最大速度以后，要猛冲或逐渐加速骑行一段距离，然后竭尽最大速度进行终点冲刺，这是首先开始终点段疾驰的运动员所采用的方法。利用这种方法在终点段常常能获得满意的速度。

4. "间歇式"的终点段疾驰

整个终点段的骑法不是始终紧张用力，而是有间歇性地做短促"爆发"式用力。在使出最大的力量以后，便靠惯力溜行，这时要使"间歇"与吸气配合。这种爆发用力的次数应逐渐增加，每次"爆发"延续的时间随运动员的个人特点而不同。这种终点段疾驰法的优点是，使肌肉在短暂的时间内得到休息，获得新的力量。这种方法与一般的终点段疾驰法一样，多半是被领先而且首先开始终点疾驰的运动员所采用的。

除了上面所说的几种终点段疾驰方法外，还有许多种方法，但是这些方法与其说是技术，不如说是战术。不论用什么方法进行终点段疾驰，都必须遵守一条规则，即在终点的最后若干米，一定得以最大的速度猛力驰过，

车手们向终点冲刺

这是自行车运动员训练工作中最重要的任务之一。

终点段疾驰的练习，应在距终点 75 ~ 100 米的地方开始。这时必须尽最大的力量，并保持动作正确，以尽可能快的速度进行，然后逐渐加大距离，直至加到 250 ~ 400 米。但要注意，不能使速度在最后若干米时降低。用摩托车领先的短距离骑行，对训练赛车场终点段疾驰很有益处。用摩托车领先骑行 1 ~ 2 公里以后，很容易就能发挥出比在无摩托

车领先骑行 200 米时的速度大的水平。

有些运动员在进行终点段疾驰时，往往在骑车姿势及踏蹬方面犯两种错误：一种是在整个终点段疾驰的过程中，两脚同时用力踏提脚蹬，腿部肌肉没有放松的机会，这就不可能使整个终点段保持住猛冲时取得的速度，至于提高最后一段距离的速度就更谈不上了。另一种错误是在整个终点段上臀部离开车座，上体前移，采取这种姿势的确能加强踏蹬的力量，但是由于大部分肌肉参与工作，因而踏蹬的力量就自然会减少。此外，站着踏脚蹬会使肌肉的负担量加大，全身很快会感到疲劳，结果还没有等到终点段疾驰结束速度已然下降了。据观察，有许多运动员都无意识地使上体前移，这不外乎是想迅速达到终点，但这其实对加大速度毫无帮助。运动员应时刻记住，终点线上是根据最先到达的车轮，而不是根据伸在前面的头来判定胜负的。

公路上共同出发的终点段疾驰与赛车场上的没有什么区别，所应遵守的原则基本相同，即由"尾随"开始间歇式猛冲或逐渐加速。但是在公路上由于下述情况，使得终点段疾驰变得复杂起来：

（1）必须及时发挥终点段的速度并保持这速度；

（2）竞赛的全程通常都是以坡来进行，这将使动作费力，而且由于许多参赛者同时进行疾驰，很难在车群中选择出最合适的地点开始；

（3）不容易凭眼力判断终点段的距离。通常这段距离一般是距终点线 600~800 米，或更远一些。如果判断不正确，不是过早疾驰支持不到终点，就是疾驰过迟失去机会。

原地出发

在原地出发计时的竞赛中，出发的动作几乎与一般的猛冲动作完全一样，犹如离弦的箭一样。所不同的是，猛冲有时不得不从慢速开始，由于两脚开始的位置不同，有时对开始猛冲是不利的。但是原地出发时却可以把脚放在最有利于开始动作的位置上。

原地出发的方法如下：运动员骑在车上，裁判员只是帮助保持车子维持平衡，不准推动车子。在发令员喊"预备"口令以前，运动员腰部放松，骑在车座上，将两个脚蹬保持在一条水平线上，第一次踏下去的时候，脚蹬下行的距离短，不需要很大的力气。若是用力大就会过多消耗体力。当听到"预备"的口令时，运动员的身体应迅速但不猛烈地从车座上抬起来，同时注意力应集中在就要做的动作上，而不应集中在等待出发的信号上。

这样，开始时的第一个动作在思想上就有了准备，做的时候就能迅速、正确，而且对出发信号的反应也不至于迟钝。当一听到出发信号，就用前脚做第一个动作，这个动作很短，但相当有力，信号是从第二步起，两脚才同时踏提脚蹬。这时上体应

自行车运动员原地出发

与两脚的动作配合，不往侧前方倾斜，也不向两侧摇晃，呼吸与两脚动作的配合和猛冲时一样。在出发后疾驰 60～70 米后，便紧坐在车座上，稍放松一会儿，然后重新用力骑行。在开始保持已达到的速度以前稍放松一会儿，是从出发后疾驰过渡到使用体力比较合理的骑行所必需的方法。因为，运动员在离开起点线之初，希望尽量快地加大速度，这种动作的用力要比保持已达到的速度费力得多。因此，只要能保持已达到的速度，就可以通过短暂的放松稍事休息。如果没有这种过渡阶段，当已达到最大的速度时，继续疾驰，会使神经紧张程度得不到放松，将会格外疲劳。原地出发应与猛冲同时练习，两者的原则一样。应该特别注意，原地出发不仅可以在骑行全程进行练习，而且也可以单独练习。

成队出发与换班的技巧

在成队竞赛中，巧妙地安排出发与换班是取得胜利的保证。

出发时，所有参加竞赛的运动员一个跟着一个连贯地排列起来，大家都以同等的力量开始出发，因为这时没有必要改变这一纵队的次序。

赛车场上的成队竞赛有两种换班的方法：

第一种方法——进入弯道时用"急越升"的换班法

领先者进入弯道时猛然向右骑开，利用惯性高高地升起弯道高处，好使队中其他成员迅速沿跑道内缘前进。放过两个队员以后，领先者从弯道下降，尾随在第三个队员的后面。用这种方法可以在极短的路上完成换班。

第二种方法——在直道上换班

由弯道进入直道时，领先者由第二条线向右骑开 20~30 厘米，稍微减速，顺着惯力溜行，放松腿部及躯干的肌肉；当与第二个队员的车子中轴相齐的时候，再稍微用力，逐渐加大速度，尾随在第三个队员的后面。这种方法在弯道上使用，效果也很好。

无论用哪种方法，领先者在向右骑开预备换班以前都必须稍微加大速度，加大与第二个队员之间的距离，约 50~60 厘米。这样就可以放心往右骑开，对后面的队员不会有丝毫妨碍。否则，在领先者向右骑开的时候，第二个队员的车子就会稍许碰到前车的右侧，为了躲开前车，第二个队员势必也往右骑开一些，这样整个队形就会被打乱。

在公路成队竞赛中，领先的运动员可以往右骑开，也可以往左骑开，这要看风向或队员们事先的约定。最好不在陡峭的上坡或下坡时换班。在陡峭漫长的上坡时，速度必然大大降低，这时队员们最好不要保持队形及前后距离，而是各自使用自己感到最方便的上坡踏蹬法独立地骑上坡。当达到上坡的顶点时，就得马上恢复队形。

刹车诀窍

在竞赛和训练时往往要利用刹车来减慢车子的速度，或使车子完全停止。刹车是有技巧的，运动员应尽可能使自己的动作合理，适时调整速度，以便少用刹车。因为在大多数情况下，刹车会改变动作的节奏，使运动员不得不失去已获得的速度。

要想使车子慢慢地停下或使它的速度慢下来，最好使用后闸。当有必要迅速停车时，应同时使用两个闸，前闸要稍微提早点使用。在行车速度很快时（尤其在泥泞的道路上或弯路上），如只使用后闸，车子便会猛然往一侧滑去。前闸主要是在有必要猛然停车时使用，因为使用前闸可以产生较迅速的制动作用。但使用前闸时应特别小心，必须使前轮的方向与车子前进的方向一致，否则由于运动员的大部分体重及自行车后一部分的重量受惯力作用传到前轮上，会使运动员摔倒。

在一般情况下，当没有必要马上停车时，用哪个闸都可以，但是最好两个闸都使用。因为如果养成只使用后闸的习惯，那么在必要的时候就可能忘记使用前闸，这样就会发生事故。在漫长的下坡做缓刹车时，为了使刹车皮及轮缘不致过热，应该轮换使用前闸和后闸。有时会碰到意外的障碍，这时甚至连紧急刹车也来不及，在这种情况下，可以采用左转弯法。猛然捏住前闸及后闸，使车子往左侧倾斜，同时将车把往左转动。在开始转弯的时候，松开后闸，仍然捏住前闸，左脚用力从捆脚皮条中抽出来，支撑到地上。这时运动员应该与车子一起向侧倾斜，否则会被离心力从车座上抛开。往左急转弯很容易使车子转 180 度。当车速非常大时，或在泥泞的路上，有时可以使车子转甚至 360 度。有许多运动员在越野赛的途中，甚至在狭窄的公路上分别出发竞赛的转弯时都采用左急转弯法。但是应该指出，在利用左转弯法时，外胎必须上得很牢靠，否则就会发生外胎脱落或轮缘毁坏的事故。最好在非常紧急的情况下才做急刹车，因为在急刹车时车子与地面摩擦得很厉害，对外胎很不利。运动员应该经常、并且非常留心地注意车闸的情况。要记住，活轮自行车在竞赛或训练中如车闸有毛病就会发生事故。

踏蹬的变化

踏蹬的变化较多，有持续踏蹬、间歇踏蹬与变换踏蹬等多种方法。

1. 持续踏蹬骑行法

运动员的两脚应有节奏地不断地踏蹬，在逆风时应加大踏蹬力量。而且可以利用变换传动比来减轻体力的消耗。

2. 间歇踏蹬骑行法

在达到一定的速度时，不再踏动脚蹬，向前溜驶 2 ~ 5 秒，再重新踏蹬，之后，再用溜驶。这种一会儿用力一会儿放松的办法能使腿脚的肌肉得到休息。间歇法主要在无风的天气中或顺风的情况下采用。

3. 变换用力踏蹬骑行法

在做一定次数（2、4、6 等偶数）的均匀踏蹬以后，必须用力踏蹬 1 次，然后做同前的偶数的踏蹬，再重新用力踏蹬 1 次。例如，由右脚开始踏蹬 4 次以后，第 5 次用力踏蹬。就这样有节奏地经过一定的时间以后，左右脚就可以轮流做较用力的踏蹬。在分别出发的竞赛中，为了摆脱对手或在必要的情况下追赶前面的对手，可以采用这种踏蹬法。

后两种方法初看起来很难学会，但是如果在训练中经过一番认真的练习以后，做起来不会很难，而且也不至于打乱动作的节奏。在相当长的距离上使用也是有效的。

特殊的骑法——离座立式

运动员在公路赛上坡时多半采用这种特殊的骑法，它又分为两种：

（1）运动员把两手从车把的弯曲处拿到把端，从车座上站起来，以屈曲的两臂作支撑，上体前移，稍微向左右摇摆，把体重落在腿和脚上，以此加大踏蹬力量。

（2）做法同上，但两脚同时用力踏提脚蹬。使用这种方法时，脚卡子及捆脚皮条一定要固定得很紧。

如使用第一种方法，当脚蹬处在垂直部位的顶点时，不必用力踏，踏蹬的方法与一般的方法相同。当体重落在踏蹬的脚上时，必须注意到不要使两臂过分紧张，要使车子直线行进，而不能曲折行进。

离座立式骑法可以用不同的方法完成，自上方握住车把，自下方握住车把，上体向前移，上体向后移，肩部微向侧方倾斜，离车座的距离大一些或小一些，脚后跟下垂等。实践证明，离座立式骑法不仅在比较费力的上坡时采用，就是在一般情况下采用也是有帮助的。在一般情况下采用这种方法，由于身体的位置不断改变，就能使主要负担量猛然移到吃力不大的肌肉上去，这样，吃力大的肌肉就能得到放松；此外，躯干伸直及离开车座的动作可以使长时间弯曲着的背部及肩部得到放松；因此，运动员在公路的平坦路段上也常采用离座立式骑法，在赛车场上运动员常使用腿伸直、脚跟下垂的离座立式骑法。

认真练习离座立式骑法能提高骑车技术，这种骑法的练习应该包括在经常的训练计划中。在练习时，动作要做得正确。尽管效果很大，但最好只在很短的路段上、最紧要的关头时使用，千万不要在整个漫长的上坡上都采用这种骑法，不然会使运动员非常疲劳。

上坡与下坡的技巧

在上坡时踏蹬起主要的作用。在上坡骑行的训练中使脚的动作看起来与在地面上做的一样，而且根据速度逐渐增大力量。千万不要由轻松用力猛然转入紧张用力。在整个上坡，特别是漫长的上坡，猛蹬或离座立式骑法，会使运动员感到吃力，会很快疲劳。

上坡时呼吸的方法也起着重要的作用。上坡时呼吸应该深入的，不要屏气，不要很用力。应该随负担量的增加，有意识地逐渐加大呼吸的频率。

在竞赛中上坡技术是很重要的。在共同出发的竞赛中，往往需要在上坡时进行

自行车运动上坡技巧

猛冲及爆发式用力猛进。不掌握精良的上坡技术，在上坡时想超过对

手是办不到的。短而不陡的上坡，可以用均匀的速度通过，不要加速也不要减速，逐渐加强踏蹬力量。这时，要紧坐在车座上，不要使躯干及两臂紧张，当脚蹬处在水平部位时，必须加大踏蹬力量。短而不陡的上坡的前一半距离可用由疾驰中获得的已提高的速度通过，在后一半距离上速度明显下降时，可用双脚用力踏提脚蹬法通过，只是在上坡顶点前很短一段距离用离座立式骑法（不是双脚用力踏提脚蹬的那种）通过。在这种情况下采用离座立式骑法主要的并不是为了加大踏蹬力量，而是为了改变腿脚及身体的位置，以便更好地放松肌肉。

漫长的上坡，根据坡度的大小，可以采用变换踏蹬骑法。首先，均匀地用力踏蹬，然后，每当脚蹬处在水平部位时加大踏蹬力量，随后双脚用力踏提脚蹬骑一段。最后，用离座立式骑法，再用双脚用力踏提脚蹬法，只是快到上坡顶点时，才用双脚踏提脚蹬的离座立式骑法结束上坡。许多运动员在通过相当陡的上坡时，并不采用离座立式骑法，而是保持从容的骑行姿势，并以合理的踏蹬使肌肉的紧张时间很好地互相交替。这种骑法的效果也是很好的。在快骑过陡而且漫长的上坡时（主要在越野赛中），有时可以不像通常那样顺直线行驶，而是拐来拐去地曲折前进。这样，距离当然会加大，但是，上坡的陡度就不太显著了。在上坡时，如果感到十分疲劳，最好就不要过度用力骑车上到顶点，不如用步行通过为好。这样虽然在速度方面有些损失，但是由于改变用力的方式，使肌肉有可能得到很好的休息。在竞赛中，尤其在上坡时，一个紧跟一个的情况下，体力不够是常有的现象，这就需要非常慎重地分配自己的力量。如果不能做到，则在几次过度用力以后，就不得不改用步行通过上坡了。

到达上坡顶点并不意味着需要停止工作，应利用溜驶做长时间的休息。当然，暂时停止紧张的工作，放松一下所有的肌肉，这是需要的，但是，这种放松不应超过两三秒钟。放松以后应重新投入工作，在

50～70米的一段路上要以双脚用力踏提脚蹬来恢复上坡前的速度。然后，再利用溜驶，使上体及腿脚的肌肉得到较长时间的休息。如果上坡的路程很长，这种休息则可进行两三次。

有的运动员认为，在通过漫长的下坡时，只借助自己及车子的重量就可以获得很大的速度。实际上，在大多数情况下，还必须加强踏蹬工作，做几次爆发式用力猛冲才能达到最大的速度。如果是逆风，在下坡时这种动作要做好几次。在若干次

自行车运动员下坡技巧

爆发式用力猛进的间歇中，将两脚蹬成水平位置，使肌肉放松休息。这时，为了减少风的阻力可以使上体再弯曲些。就身体的紧张情况来说，下坡骑行当然比上坡骑行轻松得多，但是需要有勇敢精神及高超的骑车技术，特别是在急转弯下坡时。

就是在平地上的竞赛中，如果路线是崎岖不平的，也总是上下坡骑车技术掌握得好的运动员才能获得良好的成绩。这样的运动员在丘陵地段上也能够为进行终点段疾驰保存力量，并且赢得相当多的时间。

转弯技术

转弯骑行法有两种：第一种，转弯时运动员与车子以同样角度向里倾斜，即使上体与车身在一条直线上；第二种，运动员的躯干几乎保持垂直姿势（稍微往里倾斜），而车子却往里倾斜得很厉害。

车子的倾斜能克服离心力的作用，否则就会使运动员因离心力的作用从车上摔下来。弯道的半径愈小，速度愈大，车子的倾斜也应该愈大。半径大及半径中等大的弯道，通常用第一种方法行驶。半径小的弯道，通常用第二种方法行驶。

不应使车子过分倾斜。在柏油路上车子倾斜度若是大于28度，车轮便失去与路面的摩擦力，这时车子就会打滑，尤其在有沙土或小石子的路面上，更应注意。在通过湿滑的弯道时，也不应使车子过分倾斜。快到弯道时应特别小心，迅速地根据弯道半径的大小及路面的情况调整速度，使车子适度地倾斜。如果感到速度很快，哪怕有一点恐惧，也应在驶进弯道前稍微握一握车闸，将速度减慢一些，当进入弯道时就可将车闸松开。在山地上骑行转弯时，这些动作应该做得更迅速、更准确，因为在山地下坡时，时常接二连三地碰到150～180度的弯路，而且骑车的速度很快。在这种情况下要求运动员有勇敢的精神、准确的眼力和高超的骑车技术。有些运动员在通过半径小的弯道时，将里侧的膝部尽量朝里。如果所坐的车座与车把离得很近，怕膝盖碰到车把上，把膝部向里侧移，这是必要的。如果弯道的半径非常小，如在狭窄公路的弯道，为了避免摔下来，把膝部向里侧引也是必要的。此时，应把捆脚皮条的扣松开，以便必要时容易把脚从脚蹬上拿下来。在转弯时，为了使后轮能与路面良好地切合，不打滑，必须尽量往后坐。在急转弯时为了避免脚蹬在车子倾斜度很大时碰到地面，必须避免使脚蹬处在最高点上。要想以很大的速度通过半径很小的弯道，必须有很好的训练。每个运动员都必须认真地学习弯道骑行技术，首先从慢速学习，然后逐渐加快速度。

越野骑行

越野赛由于地形复杂，变化较多，所以骑行的变化也较大，应根据不同的情况采取相应的骑法。陡而短的上坡应该用同平道上一样均匀的速度通过，如果速度降低，应该从车座上站起来，用离座立式骑法通过。

如果不可能按直线骑行上坡通过，就应改用曲折行进的方式通过。如果上坡路线很难通过，那就不必骑在车上白白消耗体力和时间，最好下来推车跑步通过。如果突然遇到障碍，就可以猛力倾斜车子，并将车把也向车子的一侧稍微转动，这样就能绕过去。如果在远远的地方就发现前面有障碍，应使身体及车子逐渐倾斜绕过，绝不可以冒险通过任何障碍。骑行速度很大时，眼睛不应只往车子的前面看，如果眼力好，就应该尽量往远处看，以便及早发现障碍。在通过深车辙、小桥两侧无法通行的小路、泥泞地段和灌木丛等时，眼睛也要往前看，如果只往前轮看，那一定会摔倒。

下坡时，特别是路面很滑和急转弯时应多加小心。斜度较缓的下坡，并且前面是能看得很清楚的下坡，则可用最大的速度通过，并利用下坡所获得的疾驰惯力通过前面的坡。如果下坡的尽头是弯路，那就需要预先将车速稍微减慢。如果对转弯和转弯前面的情况还不熟悉就更应如此。

下坡时应小心深车辙，因为进了车辙就不容易摆脱出来。在这种情形下，最好把车子停下来。遇到有深而交叉的车辙、窄而深的小沟及车压的坑时，可用如下的方法通过：使车子与上述障碍成直角，当前轮驶近障碍时体重往后移，上体伸直，将车把向怀里拉，等前轮悬空越过障碍后，身体再前倾，这样后轮的负担就被减轻了，即便遇到障碍也能轻易地越过。

宽 30～50 厘米的障碍可以用另一种方法通过。运动员驶近障碍时，使两脚蹬处于水平位置，站在脚蹬上，在障碍物前 1～1.5 米的地方向上提起。根据事先疾驰的速度，车子能够提高到 20～30 厘米凌空驶过 1.5～2 米。用这种方法也可以超过树根、小丘、大木棍等。但是这种方法只有在熟练掌握以后，才可在竞赛中采用。

有斜坡的宽而深的沟及路两边的沟不要成直角通过，而要使车子与沟成 20～30 度角通过，并把速度稍微减慢一些。从沟中驶出来的时候，即当前轮开始往上爬的时候就应更加用力地踏脚蹬，以便赶快驶到平坦的路面上。否则，车子就会毁损或前翻过去。

距离不长的（5～10 厘米）有大量沙子和泥土的路段或沼泽地，应该预先加大速度，紧握车把骑行通过。同样，路段比较长的，则应以慢速通过，尽量顺直线骑行，避免突然减低速度和停车现象，只用躯体保持平衡，不必借着车把的帮助。如果车子停了下来，就不必再骑上去，可以推车通过。在通过有矮草的路段时，不应该猛然刹车或以很大的速度急拐弯，否则车子就要打滑。如果草比较高，而地面不平，就应减低速度，否则容易陷到被草遮掩的坑中，或车轮压在坑或车辙里。

在有树根突出的小路上，应注意不要让脚蹬位于最低点时与树根相碰。

泥泞的黄土路最不利于抢行，在这种路上车子会左拐右弯，后轮空转，前后轮子里塞上很多泥，致使车子不得不停下来。在这种情况下，最好沿路边有草的地方骑行。泥泞的路段应以较慢的速度骑行，刹车要柔和，不可过猛。碰到这样的路段时宁可选择泥较稀的地方骑。因为稠泥会粘到外胎上，塞到叉子里，妨碍车子前进，有时甚至使车子完全停下来。

碰到小河可用不同的方法通过。如果河不宽，两岸有斜坡，可以骑着车子通过；如果河底有淤泥或石块，最好扛着车子通过；如果在不远的地方有小桥或独木桥，最好从桥上过去，这总比涉水弄湿了鞋子好，因为鞋子湿了，对踏蹬是不利的。

通过障碍要勇敢，少刹车，尽量依靠判断力及眼力。应该记住，只追求骑行速度，有时会将车子损坏。

骑车跨越障碍的技术

巨石

遇到比较大的石头时，最好避开，从旁边绕过去。要想从上面跳过去，则要看石头后面是否有足够的空间，自行

骑车跨越巨石

车落地时是否安全。如果自行车速度较慢，石头又比较大，则需要特殊的骑车技巧。靠近大石头时速度要放慢一些，等到越过这一障碍以后再加速，同时要选择动力传动速度比较大的齿轮。一般链轮、飞轮都选用中号的。

小石头

所谓的小石头，其体积只有钢珠大小。但在上面骑行对所有的车手来说都是一个不小的挑战。遇到这种地形，控制自行车和刹车都很困难，必须掌握相应的控车技巧。

在布满碎石或鹅卵石的地面上控制自行车不如在质地坚硬的地面上容易。因此骑在车上时，车手一定要全身放低，根据情况随机应变，不是"驾驭"自行车，而是"指导"着自行车从某个比较硬的地方跳到下一个比较硬的地方。要想成功，在骑车过程中必须先选定某一个地方，瞄准然后冲过去。要想改变骑车的方向，车手只需要把身体的重心从一侧移到另一侧，再轻轻地推动自行车朝着某个方向前进就行了。

沟壑

穿越沟壑时，要尽可能地使自行车保持水平状态。如果被卡在沟里，轻者会撞击一下，重者会损坏自行车。小沟可以跳过去，如果沟比较宽，则需要另想办法。如果沟的宽窄合适，还可以从沟底穿过去。前轮碰到沟沿时，先把身体重心后移，使之离开前轮，然后推动前轮下到沟内。等到了对面的斜坡时，再提起前轮并从沟中冲出去。身体重心前移时，要继续踏蹬。这一技巧与跨越比较大的石头所用的技巧相似。不过，这里要做的不是从障碍物上面跃过去，而是从沟底冲出去。

由流水冲刷而成的 V 字形沟壑是比较难对付的地形之一，最深处在 50 厘米左右。最简单的方法是把自行车从沟上面扛过去。除此之外，最好的方法是在跨越沟壑时运用前轮离地平衡技巧。后轮碰到沟底时身体重心稍微前移，同时继续踏蹬，直到冲出沟底。

如果自行车被卡在沟内，需要找一个坡度较小的地方骑出来，也可采取侧身齐足跳，从沟内跳出来。但是，如果沟太深，要慢慢减速，等自行车停下来以后再爬出来。

齐足跳

借助跳跃，或者说"齐足跳"，车手能够成功地跨越障碍物，而不必打断行程或放慢速度。如果前面出现了障碍物，而又没有可攀借力的斜坡和沟沿，则可以使用这一技巧。齐足跳比较容易掌握，关键是平时要注意多加训练。开始的时候，选择比较小的障碍物。等熟练了以后，比较有信心时，再选择比较大的障碍物。

步骤一：看准前面的障碍物，继续保持比较合适的速度前进。在碰到障碍物之前，上身伸直，四肢微微弯曲，形成下蹲的姿势，蜷缩在自行车上。

步骤二：在自行车前轮将要碰到障碍物的时候（相距约50厘米），向下按压自行车的前部，然后，双腿和手臂用力，身体向上、向前猛冲，并把车头抬起来。

步骤三：前轮离开障碍物后，扭动车把，双脚向后、向上猛拉（带脚套的脚蹬在这个时候就能派上用场）。此时，后轮离开地面，沿着前轮的轨迹向前滑动。

步骤四：将身体重心前移和后移。重心前移有助于前轮着地，后移则有助于前轮抬起。这样做的目的是想让后轮着地，再让前轮着地。

树根

树根对许多车手来说，简直就是祸害，尤其是在斜穿斜坡时车手肯定会被绊倒。遇到这种情况，或者是扛着自行车跨过去或者是运用前轮离地平衡技巧，抬起前轮，紧接着重心前移，让后轮从树根上面滚过去。记住一定不要增加动力传动系统的压力，否则会减小摩擦力。

圆木

对待圆木要像对待大石头一样，使用相同的骑车技巧。唯一的不同在于，在后轮碰到圆木的那一刻，一定要保证前轮已经落在圆木的另一侧了。因此，身体重心一定不要太靠前。比较细的圆木可以利用齐足跳技巧跳过去。

横穿积水

从有积水的地方穿过肯定非常刺激，但是在这么做之前最好检查一下水的深浅，看一看水中是否有石头或者深坑。即使非常了解这种地形，这一环节也不可以省略。

骑车跨越积水

如果不了解，或者说好长时间没有从这里走过了，最好放慢速度，或者干脆下车，步行过去。不过，如果很自信，认为自己能够安全穿过，那么就放开胆子冲过去，但一定要把身体重心后移。

自行车竞赛的战术

自行车运动竞赛总起来可以分成两类。第一类包括公路及赛车场的计时竞赛；第二类包括共同出发的各种公路竞赛、赛车场及越野竞赛。

公路竞赛战术

分段战术

公路竞赛最重要的战术是在分组赛中善于创造最节省体力的骑行条件，并在竞赛的全程和个别路段上正确地利用这种条件，当骑在前面的运动员跌倒的时候会保护自己。为此，运动员应当避免以下的情况：用力过猛和时间过久的（不换班）领先；落在先头组的后面，然后再追赶；毫无目的地猛冲和加速骑行；独自在全组的侧面骑行；在组中处于动作受妨碍的位置上骑行。

1. 尾随

为了有效地运用体力，必须跟随最前面的一组，巧妙地利用尾随对手的办法以争取休息。若能这样，就能随时详细地观察主要对手的行动，及时而不费多大力气就使对手想摆脱或加大速度等。组中人数越多，就应当离最前面的运动员越近，但并不意味着运动员永远应当消极地"尾随"在对手后面。事实上运动员应当积极地、有目的地保持较高的骑行速度，不仅能经得住对手的猛冲，而且还能奋力以猛冲回击对手。但是在这种情况下，必须考虑自己的身体状况。例如体力不足，就不要进行摆脱。由于体力不足，摆脱出去一段距离之后，仍然会被对手赶上，超越过去，这时甚至连尾随对手都未必能做到。尾随时，必须使自己便于从左面或右面骑到侧前方，这是非常必要的。首先，能预防碰撞前面摔倒的运动员；其次，能随时有准备地对付企图摆脱全组的对手猛冲。反之，如果处在全组中间，在战术上将会一筹莫展，无法采取任何紧急措施。

2. 弯道骑行

公路分组赛中弯道骑行也是重要战术。会巧妙地驶过弯道就可以节省出好几秒钟来。有经验的运动员多半在距离弯道 500 米左右充分发挥速度，奋力摆脱对手，疾速骑近弯道，即使对手立即进行猛冲也追不上，在距离弯道处 50～70 米的地方把速度减低到必要的程度。然后在转弯以后，在最短的时间内重新发挥出最大的速度，抢在前面先过弯道，能够避免成为对手进行摆脱的"败军之将"。

3. 快速骑行

快速骑行是竞赛开始时最好的骑行方法。速度快的运动员都能利用自己快速的优点，出发之后，自然而然会很快地按体力分为若干组。由于骑行速度快，领先者换班换得勤，结果在 30 ~ 60 分钟之内弱的运动员便落在后面，在最前面的那一组中剩下的只有那些最强的运动员。随后应当与自己竞赛特点类似的运动员结合在一起（这种运动员在参加竞赛的人中总是有的），采取另外的、更复杂的猛冲技术。但多半是在情况复杂、极度困难的条件下进行的，如在途中难以骑行的地方，在上坡快完的时候，在转弯或下坡等处。经过若干次激烈的猛冲以后，毫无疑问，最前面的那一组的人数会减少，然后再想办法摆脱全组。若是离终点还有 50 公里以上则可由 3 ~ 4 个人组成一个小组，共同来进行这一工作。这种情况下，运动员们在猛冲以后彼此轮流领先，通力合作，就能把对手摆脱掉，于是胜利就有了保证。

4. 摆脱

摆脱是自行车团体项目比赛中经常采用的重要战术，是快速杀出重围的有效方法。在公路自行车同时出发类竞赛中，摆脱技术是运动员欲争取胜利最常用的一个手段。有效的摆脱技术是：高速骑行、突然加速、利用复杂地形和利用娴熟的技术等方法。

如果摆脱者通过一个难上的陡坡以后，紧跟着在下坡时加快速度，则摆脱的距离就会更为加大。因为，在下坡时运动员们多半仅仅依靠惯力向下溜驶进行休息。在获得更大的距离 3 ~ 5 分钟以后，摆脱者可稍微放松一些骑行。假定有 4 名运动员已摆脱成功，并且获得了很大的摆脱距离，在快到终点的时候，他们便可第一个达到终点。在一个人数不多的摆脱组中，不同的运动员要采取不同的战术，有的运动员劲猛而力不长，有的运动员却相反。显然，后一种运动员不应让前一种运动员尾随到终点的地方，而是应当在途中极力设法使对手筋疲力尽，并提前进行摆脱。前一种运动员的任务是：极力在组内尾随在别人后面积蓄力量，准备在终点段作决定性的竞争。因此，他们一般都尽量少领先，并且减低速度骑行。有时，后一种运动员多次想摆脱的企图失败后，很可能使对方对抗的程度达到极点，以致在离终点 10 公里的距离上，无法改变当前的局面，最后不得不大大降低速度，当然就会很快地被后面的对手赶上。也有这样的情形：在途中无论谁也没有机会摆脱，快到终点时大家密集在一起，此时一般都降低速度，采取保持体力的战术，准备争取最后的胜利。在这种情况下，当然是终点段疾驶劲猛的运动员占优势，但是劲长的运动员则应早些开始终点段疾驶，当然也可在前面利用自己擅长的优点预先进行一系列的猛冲，使对方筋疲力尽，争取在终点段优势均等。

5. 终点段疾驶

要想在人数很多的情况下有效地进行终点段疾驶，必须提前在终点前 1 公里或 2 公里的地方事先判断并占据全组中最有利的位置。这当然并不易做到，因为这时候每个人都企图抢占最有利的位置。这就要看运动员运用战术是否灵活，采取措施是否果断。在这种情况下，最好尾随在最强的运动员后面开始进行终点段疾驶，同时尽力不让终点段疾驶劲猛，即快到终点时容易抢到前面的运动员尾随在自己的后面。只有到离终点线 120～100 米的时候，才开始争夺第一名的竞争。在终点段疾驶中也和猛冲或摆脱全组时一样，侧面风起着很大的作用，必须充分利用。如果风是从右面吹来，就应当在跑道的左侧骑；如果风是左面吹来，则在跑道的右侧骑，这样骑在前面的运动员就能防止对手在背后尾随。在公路分组赛中偶然可以看到并驾齐驱的骑行方法，在终点段疾驶中采取这种骑法并不见得合适。当然有时采用这种骑法并不是由运动员的愿望来决定的。在终点段出现类似这种的战术，多半是由于有两三个运动员摆脱了最前面的一组运动员，但是害怕终点段的竞争，于是采用这种战术进行"串道"。

6. 骑行中断时的战术

当发生某种事故（如刺伤、跌倒等情况）使骑行中断时，多半全组会向前骑去，出事故的运动员则在消除故障以后再向前赶。追赶全组也得要有战术，其要点如下：首先，运动员不应当气馁，必须以巧妙的动作把耽误的时间尽快地弥补过来，即刻开始追赶。通常是在竞赛的途中，在先头组的后面有许多零星小组和个别的运动员，他们彼此的距离都不是很远，可以跟他们合作用比较快的速度向前赶去。要注意，在这种情况下需要的只是比较快的速度，而不是最快的速度，决不可企图立刻追上对手。所以完成这一点必须逐渐地来做，不然就会弄得筋疲力尽，甚至连利用合作者的帮助都办不到了。假使合作者能力很差，连轮换领先都不行，就应该很快地赶过他们，继续追赶前面的运动员，不要松劲，不要失掉追赶先头组的信心。并借尾随战术进行休息，这样便可追赶一批又一批的对手。在这种情况下，善于鼓动合作者，对他们有很大的帮助，不仅应该尾随在他们后面，而且自己也应当领先来帮助他们，领导这个自动形成的小组。当他们骑行速度降低的时候，就应很快地追过他们。追上最前面的一组以后，应当即刻向前冲去，只有超到前面去以后才可休息，而不是尾随在后面进行休息。

成队竞赛战术

1. 战术特点

在共同出发的竞赛中，既要算个人成绩，也要计算全队成绩。这在竞赛原则上并无特殊的差别，因为个人的优秀成绩也算作全队的成绩，因此全队的目标是希望每个人都表现出最高的成绩以争取全队的胜利。但是，在拟定竞赛战术时也应当考虑集体行动的可能性和必要性。因为在竞赛中往往靠集体行动容易实现提高全队成绩和个人成绩的战术。

2. 成队竞赛战术方法

下面举出几种最普通的共同出发的成队竞赛方法：

（1）以高速抢先来"分散"对手，同时创造条件使对手们难以尾随在自己队的后面。例如，当风是由侧面吹来的时候，就应当在公路上占据使对手不能尾随的一面骑行。

（2）为了实现上面的目的，也可以系统地进行猛冲。一个队员进行猛冲的时候，其他的队员应当为他的猛冲创造最有利的条件，同时逐渐提高速度来响应他，或者是尾随在对手的后面。

（3）全队或部分队员集体进行摆脱对手。如果 2~3 人先进行摆脱，其余的队员就应当设法降低对手们的行驶速度来帮助他们摆脱，或者是预先进行一系列的假装猛冲，迫使对手们进行猛冲，而在这时候，准备真正猛冲的队员们却以均匀的速度逐渐地利用因假装猛冲而造成的一段距离来节省体力。

自行车公路竞赛

（4）让最疲劳的队员尾随在全队后面，好好地进行休息。

（5）在成组骑行时全队创造有利的条件：密集骑行、防风、直线性和较均匀的领先。

在用具、食物、饮料方面彼此帮助，当领先者的自行车损坏的时候，其他的队员把自行车让给他。

（6）如果某一个队员的车胎刺破了或者是自行车坏了，需另外留下一个队员来帮助他，因为两个人一起可更快地排除故障，协同努力追上全组。

（7）当某一队员的车胎破了，只有在其他队的实力相当弱的时候才可以全队一起停下来。在双方实力不相上下的情况下，决不可因一个队员发生故障而用全体队员的成绩去冒险，在这种情况下采取这种战术的队必然会遭受失败。本来因为排除一个队员的故障耽误 3~5 分钟，而这个队员的成绩还未必能录取上，如果全队都停下来的话，总起来就耽误 15~20 分钟。

3. 多日竞赛战术

多日竞赛的每一阶段都是在一日内进行的独立竞赛。所以，这种竞赛的战术在实质上与其他竞赛的战术是一样的。

在多日竞赛前几个阶段的竞赛中，必须特别注意负担量的轻重。在多日竞赛这种复杂的竞赛条件下，只能逐渐增加速度，并且考虑到每一阶段的竞赛以及整个竞赛，只有这样在最后几个阶段中速度才不至于降低。

不必追求在每一阶段竞赛中都是第一名，如果这样，神经系统每天都要非常紧张，并且在短暂的时间内是休息不过来的。运动员应该计划好在哪几个阶段的竞赛中去争取胜利，而在另外几个阶段的竞赛中只保持现状，或在可能的情况下（身体不过度紧张）提高自己总的成绩，这样做就足够了。领先队员应该竭力战胜与自己相差无几的对手，从他们那里赢得更多的时间，不必担心在某阶段竞赛中被总成绩差得远的对手所战胜。

场地自行车战术

短距离竞赛战术

根据现有的条件，在任何短距离竞赛中第一个到达终点的运动员便算优胜，驶过全程所需的总时间并不计算。在这种竞赛中运动员常用慢速通过大部分距离，而且有时还停下来转移对手的注意力，使对手在最后的300～200米的距离上看不出自己的战术意图来。实际上，在最后这段距离上才是真正进行决定性竞争的阶段，才是运动员战术意图发展及完成的阶段。

1. 战术特点

短距离竞赛中的战术是多样化的。有时可能碰到下面的情况：运动员企图摆脱对手，一出发就以很高的速度前进。这与其说是战术，还不如说是吓唬人。如果对手的实力很弱或没有防备，采用这种战术还是可以的。如果对手的实力很强，这种战术是用不得的，因为对手绝不肯被摆脱，即使已被摆脱一个相当远的距离，他们也会赶上来的。另外，也不应该强调在终点前 600 ～ 700 米的距离上摆脱对手。这种战术虽曾被广为采用过，但是目前已过时了。

2. 选择战术的依据

在短距离竞赛中采用什么战术，通常依据以下几点：

（1）对手的实力；

（2）赛车场的大小；

（3）终点直道的长度；

（4）参加者的人数。

3. 战术分析

一对一竞赛：譬如，在终点直道不长的赛车场上进行一对一的竞赛时，由尾随开始做终点段疾驰是很困难的。在这种情况下要想超越对手，势必从弯道的中间就开始，这是不容易做到的，即使做到也不见得有利。在弯道倾斜角度不大的赛车场上（可以用每小时不超过 60 公里的速度通过），不仅由尾随开始终点段疾驰有困难，而且即便有一定的距离间隔也有困难。但是这种方法在弯道倾斜角度较大的赛车场上使用最为有效，不论这种赛车场的大小、终点直道长度如何，效果都很好。在一对一的竞赛中，因为对手只有一个，所以战术相当简单，不像在参加者众多的竞赛中那样多样化。

多人竞赛：在有三四个参加者的竞赛中，战术是相当复杂的。参加者越多，战术就越复杂、越多样化，各种偶然的因素对竞赛成绩的影响就越大。如果从几名运动员参加的决赛中选出两名运动员的话，战术就比较简单，如果只选出一个最优秀的运动员，而其他的运动员再进行"候补"赛的活，战术就会更为复杂化。知道对手的传动比也有一定的好处，但这只限于在一对一的竞赛中。如果对手的传动比大，就应该尽量缩短终点段疾驰的距离，并且从慢速开始以激烈的猛冲进行终点段疾驰，在弯道上也毫不放松。如果对手的传动比小，就应该刺激对手进行长距离的终点段疾驰，自己却不要在对手前面开始疾驰，而是在对手后面，从与对手有两三辆车子的距离开始终点段疾驰。这样，即使对手在进入弯道或在弯道的中间作战术的减速时，也不至于妨碍到自己的骑行。如果想在最后的直道上超越对手来取胜的话，可以由尾随开始终点段疾驰，但是成功的希望并不大，因为如果对手识破了这种战术，一定就不以全力通过弯道，而是储备力量从快骑完弯道时才开始加速。在有好几个运动员参加的竞赛中，知道对手的传动比是没有什么意义的，因为在这种竞赛中根本不可能根据对手们的配置情况及运动情况来安排对自己有利的战术。

在任何竞赛中，特别是在有许多运动员同时参加的竞赛中，占据最有利的位置并保持这种位置是非常重要的。位置占得好，就容易注视对手的动作，在必要的时候根据自己的战术意图，就有可能由尾随转为肩并肩，然后将对手超越过去。如果参加者的实力不相上下，在任何情况下，甚至在竞赛开始时也不应在对手的后面尾随，特别是当大家呈锁链状前进的时候。在这种情况下用尾随的战术（双人竞赛除外，因为在双人竞赛中是极力争取尾随的）是消极的办法，很有可能输给对手。在竞赛中占据什么位置最好，这很难说，这要看参加者的实力和速度；要看参加者在赛车场的什么位置骑驶——靠近栅栏、沿跑道内缘或是跑道的中间；还要看参加者的配置情形——密集在一起、成对、呈锁链状。在竞赛中的先后位置并不是固定的，还要看运动员的战术意图，如是第一个，还是由尾随或由一定的距离开始终点段疾驰。

4. 依彼里托夫的成功经验

著名运动员依彼里托夫在战术上是很成功的，他得出如下的结论：

（1）在有 3 人参加的竞赛中，居第二位或在领先对手的右侧骑行较为有利，在这个位置上能及时发现对手做猛冲。如果骑在最前面，沿着跑道内缘前进，为了不放过对手猛冲，眼睛应该往右边看，最好还是沿跑道的外侧，靠近栅栏的地方骑驶。这时把头往左一转就可以看见对手。否则，当往右转头的时候，对手很可能向左侧出人意料地猛冲抢到前面去。在弯道上应该始终往左看，因为对手从左侧猛冲进行超越比从右侧沿半径较大的弯道超越更有效。这一点不但适用于分组竞赛，也适用于双人竞赛。

（2）在有三四人参加的竞赛中，不应该处在"蹩腿"的位置。譬如，有一个运动员沿跑道内缘在最前面骑驶，另有一个运动员尾随在他的后面，而在他们的右侧又有另一个运动员，在这种情况下进行尾随的那个运动员就处在"蹩腿"的位置。因为在紧要关头他想向右方驶出超越前车的时候，右面靠第二条检查线骑行的运动员正好拦住他的去路。时常有这种情形：处在"蹩腿"位置的运动员一直到终点线也摆脱不了这种不利的处境。即使他减低速度由右侧超越，那也是无济于事的，因为这时终点段疾驰已经开始，想要摆脱已经来不及了。如果从距终点很远的地方就开始这样做，也多半无效，因为在这种情况下，他也是最后一个开始终点段疾驰的。

（3）在竞赛中运动员应该注意所有的对手。在任何的情况之下都不让任何一个对手，哪怕是很弱的对手抢到前面。在摆脱的当时制止他是很容易的，但等他摆脱出去很远了再去追赶，那就会白白消耗许多体力。时常有这种情况：在对手摆脱时大家没有发觉，发觉后又没有马上采取措施，结果弄得干着急，想不出有效的对策。

有若干终点的竞赛战术

如果这种竞赛的终点是公开的，那么不管终点有多少，它的战术与普通短距离竞赛的战术基本上一样，所不同的只是参加竞赛的人很多，战术势必复杂些。如果这种竞赛的终点不是公开的，战术就完全不同了。因为运动员不知道哪些地方是终点，而只有第一名到达一个终点的才给1分，于是，在竞赛中骑行在最前面就有着决定性意义。运动员在全程大部分距离上都应该争取在最前面骑行。

有若干终点的竞赛通常都是以最快的速度骑行，所以在出发之后马上就应该争取抢到最前面去。然后，根据实际需要慢下来进行休息，这时，尽可能在领先者的后面尾随，以便经过很短的时间之后进行猛冲，重新抢到最前面去。有时最后的终点是固定的终点线，在这种情况下，运动员应该及时占据对做终点段疾驰最有利的"战术位置"。

多圈竞赛战术

在这种竞赛中，由于终点一个跟着一个是有规律的，并且在终点与终点之间难以休息，所以参加者很快就会疲劳，速度显著下降。用全力连续骑过的终点愈多，参加者就需要愈长的时间进行休息。因此，参加者在拟定多圈竞赛计划时应该牢牢记住，不要指望在所有的终点上都获得胜利，应该在紧张用力地通过一两个争分终点以后，便跟在后面进行休息（休息一两个终点），这样来安排战术是有利的。

1. 多圈赛战术的关键——节奏

全程越长，用全力骑行的两个终点之间或全力骑行的连续几个终点与另一些终点之间，就越应该多有一些不准备争分的终点。譬如在 100 圈有 33 个终点的竞赛中，可以每跟随通过两个终点，全力骑过一个终点，而在有 15 个终点的竞赛中可以每跟随通过一个终点，全力骑过一个终点，甚至也可以每隔 1 个终点连着全力骑过两个终点。

竞赛时分配各个终点段负担量的战术是可以改变的。这首先要看全程的长度，运动员的训练程度、耐力、终点段疾驰的猛劲，以及以全力通过终点以后恢复体力所需要的时间。应该指出，在竞赛过程中，不论以什么节奏骑过终点，隔一定时间必须把节奏改变一下，否则这种节奏很快就会被对手识破，加以利用。这一点在全程的后一半尤其重要，因为这时运动员可以利用别人休息的空子来增加自己的分数。因此，必须考虑在某些终点段上进行争斗就会把分数白白奉送给对手。有时运动员想保存自己的实力，全程的后一半才开始努力争取在各个终点得分。他认为大多数的参加者在全程前一半的终点上开始积极争取终点得分，结果因浑身疲劳导致在全程的后一半不能进行顽强的抵抗。事实并不尽然。常常有这样的情形，在全程的前一半上许多参加者都不积极争取终点分，可是到全程的后一半的时候，却展开了激烈的争斗，拼命弥补在全程前一半时放过去的分数。因此，绝不应当忽视出发后最初的一些终点。实际上只要自己不感到非常疲劳，并能在全程的后一半上有足够的力量进行困难的斗争，就是最好的战术。

2. 距离优势取胜战略

有的运动员采取只靠距离上的优势取胜的战术，即不在各终点上争分数，而是保存力量最后将对手摆脱到后面一圈或一圈以上。这种战术是相当冒险的，最好不采用，因为万一摆脱不成功，再加上没有得到好分数，就必将失败。最好同时利用这两种战术因素，因为当 2 ~ 4 名运动员同时进行摆脱的时候，他们之间的距离优势是相等的，最后的胜利由得分的多少决定。由此可见，即使有摆脱全组的战术意图，也应该有争取终点分的计划。

指望赢得距离优势的运动员，就是在超过对手一圈或一圈以上以后，也还应该继续争取得分，因为得分很多的对手若是摆脱全组成功的话，指望赢得全程优势的运动员就会遭到失败。应该学会在途中计算自己所得的分数，这样才能把自己的成绩与对手的成绩相比较，从而使自己处于不受约束的地位。

3. 终点段疾驶

不论采取什么战术，都应设法在最前面的一组中骑行。唯有这样才容易选出最有利于进行终点段疾驶的位置，缩短终点段的疾驶距离（即较晚地开始终点段疾驶，因为如果落在后面，就必须先赶上最前面的一组对手，这就等于加长了终点段疾驶的距离）；容易及时地制止对手的摆脱，尾随在他们后面，或尾随在他们后面的运动员的后面；更方便地利用尾随的办法做较充分的休息，因为最前面的一组比后面的运动员骑得均匀。

终点段疾驶应竭力做得猛烈，但是也不要花费过大的力量，后一点更为重要。从这里不难看出由尾随开始终点段疾驶的优点，因此应该尽可能采用由尾随开始终点段疾驰的战术。这是因为当所有运动员都已放松，难以参加追逐的时候，容易摆脱全组。当然，只有通过终点时费力较少的运动员，才能迅速制止对手进行摆脱或者尾随在摆脱出去的对手后面。

参加竞赛的人越多，终点段疾驰就越难。在这种情况下，参加者必须及时选好最有利于通过终点段的位置。这一点不仅要在争分数的几圈上注意，而且也要在不争分数进行休息的圈上注意，在不争分数的圈上应该紧紧尾随在争分数的运动员的后面通过终点。在距终点段 400 ~ 500 米的地方，就应该选好有利于通过终点段的位置，再晚对手就凑得更紧了。究竟用哪种方式，需看具体情况，与短距离竞赛的要求一样。第一个开始终点段疾驰是较不利的，因为这需要花费更多的体力。应该考虑到，在全程的后一半上，斗争虽然愈来愈尖锐，但是进行终点段疾驰的猛劲却愈来愈差了。这时参加者的体力已不易系统地集中使用，只适宜毫不浪费地均匀使用，因此，保持力量并且在终点段疾驰之前选好有利的位置，就更加重要了。

在竞赛中追逐的时候，即使不是在最后的弯道上，也千万不要处于"蹩腿"的位置。而这种位置在多圈竞赛中是很容易形成的。处于"蹩腿"的位置很容易被对手猛然超过去，自己却束手无策。因此，应该尽量设法占据随时都能由右侧骑出去的位置。

4. 摆脱

刺激对手进行猛冲及进行长距离终点段疾驰也是很重要的。只要一有人做激烈的猛冲，一般马上就能激起大家的积极性，提高速度来响应。做佯冲的运动员达到目的之后，应该马上尾随在某个对手的后面，坐享自己战术的成果。这种使对手精神紧张的战术可以常采用，用起来既不多费力，又能收到很好的效果。这种战术还可以时常用来为进行摆脱做掩蔽，使对手不易发觉。三四个运动员一起进行摆脱是比较有效的。两个，甚至一个运动员单独进行摆脱也未尝不可，但是由于人数少，摆脱成功的希望不大。前面已经谈过，最好在达到终点段以后进行摆脱，但是有时也可以在另外的时间，甚至在全程的前 10 ~ 15 圈上进行摆脱。因此很难预先规定，究竟在什么时候进行摆脱最为有利。这要看对手们的情况，也要看摆脱者的力量及训练程度。摆脱越突然，成功的希望就越大。

有时集体进行摆脱的运动员每到冲刺时，彼此之间也进行竞争。通常这很快就会断送摆脱的希望。因此在集体进行摆脱时，要保持驶进的均匀性，有组织地使集体进行摆脱的每个运动员都得分，这能促进运动员彼此间的团结，而摆脱也能进行得更频繁。在计分赛中，有的运动员进行摆脱不是为了获得距离上的优势，而是为了得分。譬如有两三个运动员摆脱，在好几圈上都骑在最前面，每到终点段，彼此之间就争分数。

在竞赛过程中，我们往往可以看到，当几个运动员进行摆脱以后，经过几圈，又有其他运动员赶上来。这时他们不得不再进行摆脱，因此，运动员在一场比赛中通常要进行多次摆脱。常用的摆脱方法为：两个运动员摆脱出去，达到一定的距离之后，发现一时不能将对手超过 1 圈，于是就占据待机的位置，与对手保持已成的距离骑行，经过一段时间以后，后面的对手中又分出两三个运动员来，这时前面的两个运动员允许他们赶上来，大家共同努力争取距离上的优势。后面的运动员要想消除与前面运动员的距离必须通力合作，轮流领先。在这种情况下，有些教练员主张应当尾随在得分最多的运动员后面。实际上这多半会使尾随的运动员速度降低，因为得分较多的运动员在过去的一些终点段上进行过激烈的斗争，已经消耗了许多体力，骑行速度已经不大了。此外，得分较少的运动员由于跟在得分较多的运动员的后面，使得分较多的运动员得不到帮助，但是他们本身的位置一点也得不到改善。对于摆脱到前面去的运动员，由于他们占了距离的优势，反正是追赶不上了，可是与得分较多的运动员进行竞争倒是比较容易些。因此，对全体落在后面的运动员来说，只有合作、彼此不斤斤计较分数地去追赶摆脱到前面的运动员，才是最合理的。在多圈竞赛中，往往除了计算个人成绩外，还计算队的成绩。在这种情况下成队骑行的原则是：虽然队里每一个成员都应该尽最大的努力争取个人分数，但是个人的利益应该服从于全队的利益。全队越团结，工作越协同一致，个人的成绩就越高。

5. 成队竞赛集体行动要点

（1）全队同时进行摆脱，以争取距离上的优势，或者争取得分。如果本队的领先者与别队的领先者获有同样多的分数，这时可以为本队的领先者创造有利条件，使他在终点段时多得分数。

（2）有组织地消除其他队的摆脱。

（3）协助队员们实现摆脱。例如，有两个队员正在进行摆脱，而另外两个运动员虽然处在全组的最前面，但不去追赶，以此来帮助他们摆脱成功。当其他队的队员组织追赶的时候，本队的队员不是积极地参加追逐，而是尾随在别队队员的后面。

（4）本队的领先者如果有可能获得领先的名次，就应该帮助他：在终点与终点的地方为他领先；在已经出现间隔的时候"领着"他消除间隔；给他做掩护，不让危险的对手尾随在他的后面；在通过终点段时，由后方及侧方保护着他，使对手不易超越等。

（5）在通过终点段时不应该全队同时进行竞争，因为这样在以后的一些终点段上势必同时进行休息。此外，本队4名队员在同一个终点上进行竞争也是没有意义的。最好把队员分成两组，或者用其他的什么方式，使得在每个终点上都有本队的成员得分。

（6）当一两个队员摆脱出去1圈以后，他们就应该帮助本队其他的队员进行摆脱。帮助前两个队员摆脱成功的队员现在该摆脱到前面去，而摆脱到前面去的队员现在该来帮助他们了。

个人淘汰竞赛战术

在这种竞赛中，参加者唯一的任务是在任何一个终点上都不要成为最后一名，否则，马上就会被取消竞赛资格，因此，这种竞赛的战术是相当简单的。不过在最后两圈上的战术较为复杂，因为这时剩下来的仅有两三个运动员，他们彼此间要解决谁战胜谁的问题。

这种竞赛的战术有两个要点：

（1）避免以高速度领先；

（2）避免在落后组中骑行。

在倒数第2圈以前的终点上不必争取每次都第一个到达终点，应该储备力量，以便在后几圈上进行最后的竞争。在这种竞赛中最有利的地位是第二名、第三名，进行终点段疾驰时就应该从这种地位开始。同时千万要避免处在"整腿"的地位，这样就不至于被对手从右侧超过去。在最后两圈特别是在最后1圈上要采用短距离竞赛的战术，因为在倒数第2圈上即使战术错误，还有获第2名的希望，但是在最后1圈上犯战术性错误就输定了。

让步赛战术

1. 战术特点

这种竞赛的特点是，参加者在出发之前以不同的距离排列在不同的出发点上。最前面的一个参加者算是追逐者。因此，参加者必须利用各种战术才能取得胜利。在采用战术时也得考虑让出的是多大的距离及全程的距离。

2. 战术分析

譬如全程4公里，参加者与参加者之间让出的距离比较大，在这种情况下，很明显单靠自己的力量是不能获胜的，因为别的参加者这时多半是集体行动了，于是赶快结成组骑驶较为有利。尽管他们让出的距离彼此不一致，但是靠巧妙的方法（前面的等一等后面的）就能

自行车场地竞赛

结成组，结成组之后即可轮流领先。他们前面的三四个参加者同样可以结成组骑行。毫无疑问，先出发的参加者结成组骑行是更为有利的，这样后面的参加者就不容易将他们赶过去。不难推测，出发后不久，竞赛的性质就会变为成队竞赛的性质，而且如果第二组（甚至是可以与第三组结合在一起的）不去追赶第一组，那么就只有第一组的对手们彼此进行争夺终点的竞争了，这时候他们可以部分地采用短距离的战术，但不能显著降低速度，否则后面的对手们就会追赶上来。如果在全程快结束的时候，两三个组结合在一起，那时终点上进行竞争的情况和短距离竞赛中的情况一样，只是需要更灵活地使用各种适当的战术动作。

如果全程不长（2 公里），参加者之间的让步距离并不大，战术就需要改变。在这种情况下，每个参加者都应竭力（用逐渐加速的办法比猛冲好）追上自己前面的对手，以便联合起来去追赶其他的对手。如果被追上的运动员经受不住很大速度，并且为他领先对他也没有帮助的话，那就不必减低速度，应该去追赶在更前面的参加者，追上之后，又通力合作，继续往前追赶。第一个出发的运动员应该以高速前进，不要让对手追上。使用这种战术"单干"比较有效，有时竟能始终第一个通过各终点最后获得胜利。在这种情况下，参加者出发后就应该发挥高速度去追赶前面的对手，追上以后就进行尾随，稍事休息后就以猛冲超过对手，再去追赶最前面的对手。在他前面的参加者也应该采取这样的战术，争取第一个到达最后的终点。

个人追逐赛战术

追逐者的主要任务是在出发以后迅速追赶在距离上已占优势的对手。所以追逐组中所有的运动员都应该轮流领先，通力合作保持高速度骑行。追上被追逐者以后，即可减低速度，剩下的路程可以采取同短距离赛一样适合于这种竞争战术的原则骑行。

被追逐者的战术与此完全不同。他可以根据本身的骑行速度及训练程度，使用两种战术：

第一种，不必全力保持出发时被让步的优势距离，不妨让后面追逐组逐渐接近自己，等到原来得到让步的优势距离缩减到一半的时候，就必须加大速度，力求保持住当时的间隔，以便第一个进行终点段疾驰。

第二种，如果自己的特点是终点段疾驰劲猛，但耐久力不足，那么在出发以后应很快地让追逐组追上来，自己则到追逐组里去，巧妙地运用短距离赛的战术战胜追逐组。

越野赛战术

出发

在越野赛中，参加者是否能够获得胜利与出发快慢有很大的关系。因此，不管参加越野的哪一项，当发令员发出信号以后，都应该立即迅速冲到前面，争取最先的位置。越野赛中的出发是相当复杂的，这是因为出发点多半设在陡峭的山脚下或在崎岖不平的地段上，并且路线非常狭窄，羊肠小路，有时无路可行。在这种情况下，多半只能采用"鱼贯"前进的方法。途中能在前面骑行最为有利。因为在最前面骑行不必费力去超越对手，能很清楚地看见道路，而且由于两旁没有对手妨碍自己，便于采取必要的措施去克服路上的障碍。所以每一名运动员应该迅速通过难以通过的出发地段，通过以后马上发挥出很高的速度，尽量拉长自己与开始时不够积极的对手之间的距离，并且加大速度使后面彼此距离不大的对手难以通过障碍。

自行车越野竞赛速度

在出发点上，必须根据当时运动员分布的情形及自己所处的位置立即决定出发的方式。徒步跑还是骑车，如果有可能骑车，那就应该骑车。但是仍然要考虑一下，从原地就骑，还是跑二三十米（冲到前面去）以后再骑。不管用什么方式出发，为了节省时间，都要用跳的方法上车。

徒步跑

出发后徒步跑的方法有两种：抓住车把或车座，让车子在自己的前面滑行；或把车子放在肩上。究竟采用哪种方法带车，要看运动员的技能和出发点路段的情况。

适应性训练

毫无疑问，如果运动员在同一个路线上进行过数次训练，在出发地段不同的地点练习过出发后的最初动作，出发就会做得比较成功。参加者有必要预先熟悉一下越野赛的路线，最好在路上多进行几次训练。熟悉了路线，知道哪里有障碍，哪里是难以通过的路段，哪里是迂回路，哪里是弯路，就会使运动员有很大的信心去克服障碍，提高速度。

PART 8 裁判标准

比赛裁判

每一个国际批准的自行车比赛中必须有足够数目的合格裁判员和官员，以承担比赛规则中所提出的不同岗位的责任及履行其职责。

比赛裁判

比赛裁判应负责确保赛事的规则得以执行；

裁判判定引争执

比赛裁判必须具有以下能力：英语流利或有英语翻译；

除了国家自行车世界锦标赛外，裁判员不能是国际自盟的主任或者官员。仅是在国际自行车世界锦标赛/挑战赛中，国际自行车委员会可以从有利于自行车运动的角度出发，在必要的时候，任命其委员会中的一名或多名主任或官员担任比赛中的裁判/官员，并履行裁判/官员的职责。

所有的裁判必须穿着统一、鲜明的裁判服，以便参赛者和运动队领队能很容易地识别出来。

在裁判中指定一人为总裁判长，他将处理有关运动员、裁判员、官员及领队的所有争执和上诉。

总裁判长可以有一名副总裁判长协助其工作。副总裁判长应协助总裁判长完成其职责，并在总裁判长不在时，代理其行使权力。

主管理裁判

主管理裁判应负责比赛中所有运动员的注册和分组、运动员名单的编制和张贴及所有比赛成绩单的编制（包括半决赛和决赛成绩）。主管理裁判应有一定数目的管理工作人员协助其进行工作。

终点裁判

应至少有 5 名合格的终点裁判员，他们负责在每场比赛中单独书写记录下每名运动员穿过终点线的名次。每场比赛的最终正式的运动员穿过终点线的名次应由终点裁判员中的多数人决定。正式的终点冲刺名次结果应交给名单管理员一起来公布。

技术官员

技术代表

对于世锦赛而言，技术代表是由国际自行车委员会推荐并由国际管理委员会任命。

技术代表应履行以下职责：

监督赛事技术方面的问题；

作为国际自盟总部和国际自行车委员会之间的联络官；

提前对赛场进行考察并与组织者会晤，然后写出一份赛场考察报告递交国际自行车委员会，并同时提供给赛事组织者一份报告的复印件；

检查并和组织者一道努力，确保赛场考察报告中的建议得到了适当的实施；

在第一个正式训练期前到达比赛场地，并与总裁判长和组织者联系，对场地和赛道进行考察。比赛路线的最后确定和任何修改应必须得到技术代表的批准。

针对裁判组的工作，写出一份机密报告。

赛事总监

赛事总监应在裁判员的协助下履行以下职责：

起草和修改赛事时间表；

确定和组织所有的裁判员、官员及管理工作人员，其数目应与赛事的规模相当；

准备比赛所需要的设备；

准备并分发奖杯和其他奖项。

检查员

检查员负责在练习前检查每一名运动员的自行车和安全装备，以确保符合规则。

发令员

发令员应负责每场比赛的开始。发令员应操作出发门，并采取其他必要、适当的行为，以确保每个比赛都有一个安全公平的开始。发令员可以建议总裁判长对妨碍其行使职责的运动员进行惩罚。

比赛官员

比赛官员应负责监控赛道上运动员的行为，并提醒其他官员赛道上引起他们注意的情况。总裁判长将决定赛事所需的比赛官员的数量。比赛官员应被安排在赛道沿线每个拐角处以及障碍和跳跃处附近。比赛官员应对他们所看到的任何违规现象及事故作书面记录，并将这些记录交给总裁判长。

急救措施

在所有的练习和比赛期间，应至少有一辆救护车和足够数目的急救工作人员（包括一名持有执照的医生）在场。在整个的比赛过程中，救护车和急救工作人员应位于比赛的内场地，并且能够给救护车一条无障碍的通道驶向公共大道。在没有适当医疗服务的情况下，不得进行练习和比赛。

赛场宣告员

赛场宣告员应负责对比赛的情况进行正式宣告，并负责通知运动员、观众、裁判员、官员有关比赛日程的任何变化。

赛事评论员

赛事评论员应对观众进行关于所有比赛的评论。他不应该对有悖于国际自行车运动的任何事件进行评论，也不能提前判断比赛结果以及对他观察到的可能的违规行为进行评论。

管理工作人员

1. 报名管理工作人员应对下列事情负责：

接受并按照报名规则检查所有运动员的报名表/许可申请，建立比赛各个级别的报名者名单并按照顺序对各个级别进行编号；

2. 运动员名单管理员（记分员）应负责把每个级别中所有报名者

编制出不超过 8 名运动员的名单，并在相应的运动员名单上记录下他们的名字；

3. 运动员名单管理员负责将名单张贴到运动员名单板上，这些名单应按照年龄组的顺序张贴，并且能使人们清楚地看到每一个比赛号码。

集合官员

集合官员应负责指挥运动员到各种正确的赛道上。他们将在每场比赛宣读每个运动员的比赛号码、年龄组和姓名。须让高级集合官员拿到一份运动员名单。

出发坡指挥官员

出发坡指挥官员负责在比赛的所有轮次中引领运动员从集合赛道到出发门。他们应位于出发坡的后侧，并且只能许可下面要进行比赛的运动员上坡到达出发门。出发坡指挥管理员有权拒绝那些安全设备不符合本规则的运动员出发进行比赛。

终点区控制官员

终点区控制官员应负责控制运动员的穿过以及其他人员进出终点线区域。他们应位于终点区域的每个进口点或出口点，并且不允许除医务急救人员的其他人员，如父母、领队、观众等进入该区域。终点区控制官员也应负责对比赛后等候在终点杆的运动员维持好秩序。

指引员

主办组织应提供一定数目的指引员，以确保运动员及观众的安全。指引员应穿着鲜明的制服以利于人们识别。

PART 9 风格流派

山地车运动

山地车是专门为越野（丘陵、小径、原野及沙土碎石道等）行走而设计的自行车，1977 年诞生于美国西岸的旧金山。当时，一群热衷于骑沙滩自行车在山坡上玩乐的年轻人，突发奇想：要是能骑着自行车从山上飞驰而下，一定非常有趣。于是便开始了越野自行车的设计制造，这种车被正式命名为山地车则是在两年后。

从此，"速降竞技"作为体育比赛中的一个新项目崭露头角。运动员骑山地车沿规定的下坡线路高速滑降，速度快者为胜，吸引了众多的爱好者。自行车虽然始于欧洲，但美国人发明的山地车却一扫传统的自行车概念，将一股新风吹遍全球。爬山单车的赛事共分为 3 个项目。其中，下坡赛（Downhill Event）及双人弯道赛（Dual Slalom）项目，前者是车手分别滑下一条下坡的赛道然后计算时间，最短时间完成者胜出。后者是两名车手在两条并列的下坡道上同时滑降，以 z 字型边行驶边飞跃土坡，最先到达者为胜。

至于越野赛（Cross – Country），顾名思义是在野外的大自然环境下进行，赛程全长通常大约在 16 ~ 24 公里之间，其中不少于 1/4 的赛道是未经任何人工修葺的。所有比赛的诀窍都是恰到好处地沿着既定的轨

自行车运动山地车比赛

道，避免走冤枉路。

在爬山单车运动中，法国选手在当今国际赛事里已发展成一股新势力，与其他劲旅如美国、澳大利亚等成为了此项运动中的领导者。法国首先在 2000 年世界锦标赛的下坡项目（Downhill Event）中高赛凯旋曲，其中车手富尔洛斯（N. Vouilloz）及加舒特（Gachot）分别取得男子下坡赛的冠、亚军。女子下坡赛方面，舒（A. C. Chausson）则替法国在青少年组的赛事中赢得另一面锦旗。值得注意的是，她在这组别中夺魁所创出的时间，竟然比高级组的选手所创出的纪录更快。由此可见，法国在下坡项目中实力非常强大。

越野赛项目方面，荷兰的班赞斯（B. Brentjens）力压群雄成为男子组冠军，女子组桂冠则由加拿大女骑士仙黛（A. Sydor）取得。这批新加冕的世界"山路之王"，在征服了德国黑森林之后，要接受一个更大的挑战——爬山单车。爬山单车已获国际奥委会正式批准，并已在 1996 年亚特兰大奥运会中作为竞赛项目。

小轮车（BMX）运动

小轮车（BMX）运动起源于 20 世纪 60 年代的加利福尼亚，在很短的时间里它便以其独特的魅力征服了全美国。那些对越野摩托车可望而不可即的青少年而言，这项运动可以使他们体会到在自建的越野跑道上骑车飞驰的美妙感觉。虽然使用的是自行车，但不妨碍他们充分体会那瞬间的撞击所带来的刺激与兴奋。

对于青少年来说，BMX 的花销相对低廉而且也不用去离家太远的练习场。20 世纪 70 年代初，美国建立了最早的 BMX 组织，这也被认为是 BMX 成为正式运动项目的标志。在其后的十年间，BMX 又传入了其他一些国家。1981 年 4 月，国际 BMX 联盟正式成立。1982 年举行了第 1 届世界 BMX 锦标赛。到这时，BMX 这一独特的运动项目便在全球范围内迅速发展起来。

由于这项运动与自行车运动有较多的相似，1993 年，BMX 正式成为自行车运动大家庭中的一员。继美国之后，在欧洲、澳洲的一些国家，BMX 也有蓬勃的发展，但美国仍是这个项目的超级强国。BMX 在最近几年传入我国，在几个大城市也拥有了一定数量的爱好者。

小轮车运动

TRIALS（障碍赛）

TRIALS 是自行车项目之一。它起源于美国，是摩托车攀爬及非道路自行车运动的一种延伸。这个项目要求选手在一段比赛中脚不沾地地骑过一个障碍物，这个障碍物一般是岩石或一截树木，当然也可以是箱子、汽车甚至桌子等等。在比赛中车手脚触地一次便被罚掉 1 分，在一段比赛结束后，罚分最少的运动员就获得了这段比赛的胜利。

TRIALS 的自行车分为两种：一种是车轮为 26 英寸的大攀爬车，它

自行车运动场地障碍赛

的前齿盘有护盘，而且齿盘较小，刹车是油压的，稳定性很强，但这种车只用于成年组的比赛。另一种是车轮为 20 英寸的小车，它的轮胎表面纹路很深，抓地性很好，这种车不但可以作为成年组比赛用车，也可以在青少年比赛中使用。UCI 组织的第 1 次 TRIALS 锦标赛是在 1984 年。现在，这项运动在美国、瑞士、德国、英国、法国和西班牙等国开展得较为普遍。西班牙在 20 英寸组还很有优势。如果您有机会亲眼观看 TRIALS 比赛，一定会被它的魅力所吸引。

室内自行车运动

室内自行车运动起源于美国，分为 CYCLEBALL（自行车球比赛）和花样自行车两部分。两种比赛均在一块 12 米 × 14 米大的场地上进行。CYCLEBALL 比赛时场地周围要拉起一圈高 3 米的网，防止球飞出场地。CYCLEBALL 的比赛类似足球比赛，是以把球射入球门为目的的团体对抗项目。最早的官方组织的比赛是在 1930 年。现在，这项运动拥有了更多的爱好者。文特图尔 CYCLEBALL 锦标赛上有 22 个国家共 144 个运动员参加了比赛。另外，这次比赛还吸引了包括 27 个电视记者在内的 85 个新闻记者。

尽管有一些类似，但是不能把花样自行车和杂耍混为一谈。在完成比赛动作的 6 分钟内，音乐伴奏起到了非常重要的作用。在参赛者完成的一组动作中，有规定动作也有难度不同的自选动作。最早的花样自行车锦标赛在 1956 年举行，但参赛选手只有男性，直到 1970 年才有了女子参加的花样自行车锦标赛。

　　一般来说，几乎没有运动员能同时在这两个项目中都达到较高水平。现在，在德国，室内自行车运动在青少年中极其普及，甚至超过了室外自行车。有 1 万名德国人拥有室内自行车的运动员资格。可以说，德国已经成为这个项目当之无愧的超级强国。

PART 10 赛事组织

国际自行车联盟

国际自行车联盟（简称国际自盟，英文 Union Cycling International，简称 UCI）是各国国家自行车协会的联合组织。

国际自盟是一个非盈利性、非政府性的国际组织，是遵照瑞士民事法典第 60 条的规定组成的具有法人资格的组织。国际自盟总部设在瑞士，具体地点由管理委员会确定。只有国际自盟代表大会才有权决定将其总部迁移到其他国家。

国际自盟的宗旨是：

（1）对世界范围内的各种形式的自行车运动进行指导、开发、管理、调控、制约；

（2）推动自行车运动在世界各国及在各级水平的发展；

国际自行车联盟标志

（3）组织各项自行车世界锦标赛，自行车各项世界锦标赛为国际自盟独家所有；

（4）促进自行车世界所有成员之间的友好关系；

（5）倡导体育道德和公平竞争的精神；

（6）代表自行车运动并保护其在国际奥委会以及所有的国家机构、

国际机构中的利益；

（7）与国际奥委会合作，特别是在自行车运动员参加奥运会比赛中的合作。

国际自盟将遵循下列原则开展活动：

（1）平等对待国际自盟的所有成员、运动员、会员和官员，不得有种族、政治、宗教歧视或其他方面的歧视；

（2）不干涉各国协会的内部事务；

（3）遵守奥林匹克宪章及所有有关奥运会自行车比赛的参赛规定；

（4）不以盈利为目的，所有财政收入只能用于现行章程中阐述的目的。国际自盟的任何成员无权擅自挪用。

中国自行车运动协会

中国自行车运动协会（CCA）成立于1959年，现总部设于北京市。是中华全国体育总会下辖的单项运动协会之一；是唯一的、全国性的自行车专项体育社团法人；该会于1979年加入国际业余自行车联合会，协会尊重国际业余自行车联合会的章程、条例和竞赛规则等各项规定。协会项目如下：

1. BMX小轮车

2003年6月29日国际奥委会召开执委会，通过了将BMX小轮车作为2008年奥运会正式比赛项目的决定。

BMX小轮车是一项新兴的自行车运动，起源于20世纪60年代的美国，目前，就运动水

中国自行车运动协会标志

平而言，美国最高，欧洲次之。亚洲开展这个项目时间较短，但发展较快。现在我国有 10 余支省市专业队，并建立了较完善的赛制，2006 年太原市举办了首届亚洲自行车 BMX 锦标赛，2008 年举办世界自行车 BMX 锦标赛。

自行车 BMX 运动是体现地面速度和腾越技巧的立体运动，有较强的观赏性和技术表现力，深受青少年的喜爱，在我国具有广阔的发展前景。

2. 场地自行车运动

场地自行车是在固定的赛道内进行训练或比赛的一种运动形式，它体现的是运动员的速度、耐力和技战术运用能力。

我国在北京、深圳、南京等地建设了 18 个高水平的自行车赛场，并于 2001 年和 2002 年分别在秦皇岛和昆明举办过世界 B 级锦标赛和场地世界杯赛。姜翠华和江永华分别在悉尼奥运会和雅典奥运会上获得场地女子 500 米计时赛的铜牌和银牌，江永华还在 2002 年曾创造过 34 秒的世界记录。

3. 公路自行车

公路自行车分个人计时赛、个人赛和多日赛三种运动形式。公路自行车运动时间长、距离远，体现的是耐力和意志，展现的是挑战自我、超越极限的拼搏精神。

2010 环中国国际公路自行车赛

近年公路自行车运动在我国得到了进一步的普及和发展，有些比赛已成为传统，如连续举办 14 届的"中国环游"国际公路自行车赛在亚洲历史最长，"环青海湖"国际公路自行车赛在亚洲级别最高。除此以外，环南中国海多日赛、青藏高原多日赛、环崇明岛多日赛、沪港多日赛、环京赛等各具特色，使公路自行车运动成为近年来体育活动中的一个热点。

4. 山地自行车运动

我国在20世纪90年代初正式开展山地自行车运动。经过自行车界的努力，目前，男子山地自行车运动水平在亚洲处于优势地位，女子达到世界先进水平，2006年任成远获得世界锦标赛23岁以下年龄组冠军，2007年获得世界杯冠军，标志我国山地自行车运动步入新的发展时期。

山地自行车运动集速度、耐力、力量、意志于一体，骑行于青山绿水之间，陶冶情操，健身强体，是大众喜闻乐见的体育锻炼形式。

5. 业余自行车比赛

随着社会的进步和人民生活水平的提高，自行车除作为交通工具外，也在向运动工具转变。自行车旅游、比赛、探险已成为时尚，在全民健身活动中有着重要作用。目前有较大影响的业余自行车比赛有"国际奥委会主席杯全国百城市自行车赛"、"禧玛诺自行车节"、"诺迪威自行车节"等。同时国内还有不同形式的自行车健身俱乐部，如成都市老体协骑游俱乐部1989年成立，每年组织一系列健康有益的自行车活动，并创办"骑游天地"内部交流资料，受到广泛好评。

奥林匹克运动会

奥林匹克运动会（简称奥运会）每4年举行一次。

参加奥运会的成员必须是国际业余自行车联合会（简称国际自联）的会员。

按照奥林匹克委员会的规定，年满 17 周岁的运动员方可参加奥运会。各参加国的最后报名单，必须在该次比赛的前 10 天寄到主办国。每个国家可报 15 名运动员参加比赛。

公路自行车赛赛况

竞赛项目（以 2000 年悉尼奥运会为例）如下：

1. 公路赛

公路赛在有各种地形变化的公路上举行。奥运会设有公路个人赛和公路团体赛。男女个人赛分别于 1896 年和 1984 年被列为奥运会比赛项目。但奥运会男子团体赛于 1912 年被列为比赛项目。2000 年第 27 届奥运会设男子个人计时赛、个人赛、女子个人争先赛、个人计时赛 4 个项目；

个人赛：男子为 239.4 公里，女子为 119.7 公里；

计时赛：男子为 46.8 公里，女子为 31.2 公里。

2. 越野赛

越野赛始于法国。20 世纪 50 年代，一些自行车运动员厌倦了在现代化公路上枯燥的训练和比赛，他们到丘陵地带寻找新的环境、新的挑战，于是一种全新的运动方式产生了。自行车越野，据传是由美国加利福尼亚大学学生斯科特（James Finley Scott）将普通自行车改装成山地车式样的。

以后，越野运动逐渐在欧洲流行，并形成赛事。1990 年，国际自行车联盟承认了这项运动，1991 年首次举行了世界杯赛。越野赛应选择崎岖不平、有天然障碍的路面，必要时设置人工障碍。赛程为男子

40～50公里，女子30～40公里。比赛时，各队从左至右排成一路纵队集体出发，以到达终点的时间判定名次。男、女个人越野赛均于1996年被列为奥运会比赛项目。2000年第27届奥运会设男、女个人两个项目。男子为49.5公里，女子为31.9公里。

3. 场地赛

场地赛在赛车场进行。赛车场为椭圆盆形，跑道用硬木、水泥或沥青筑造。所用自行车应为死飞轮，不得安装变速装置和车闸。奥运会比赛项目有追逐赛、计时赛、计分赛、争先赛。

具体比赛项目有男子4000米个人追逐赛、4000米团体追逐赛、女子3000米个人追逐赛、奥运会男子1000米计时赛、奥运会男女50公里个人计分赛、男女1000米争先赛。2000年第27届奥运会男子组设个人争先赛、1000米个人计时

奥运会自行车女子计分赛

赛、4000米团体追逐赛、奥林匹克竞速赛、个人计分赛、麦迪逊赛、凯林赛等18个项目。

世界锦标赛

世界自行车锦标赛每年举行一次，分男子精英级、女子精英级、青年男子、青年女子和23岁以下5个组别。

主要比赛项目有公路赛、场地赛和越野赛。

公路赛分个人公路赛和公路个人计时赛两个项目。

场地赛项目：男子精英级有争先赛、个人追逐赛、团体追逐赛、1公里计时赛、计分赛、凯林赛、奥林匹克竞速赛、麦迪逊赛（333.33米以内场地、333.33米和以上场地），共9项；女子精英级有争先赛、个人追逐赛、500米计时赛和计分赛，共4项；青年男子有争先赛、个人追逐赛、团体追逐赛、1公里计时赛、记分赛和奥林匹克竞速赛，共6项；青年女子有争先赛、个人追逐赛、500米计时赛和计分赛，共4项。

世界越野锦标赛分别在男子精英级、男子23岁以下级和男子青年级3个级别举行。

世界 B 级自行车锦标赛

每个奇数年将举行 B 级场地和公路世界自行车锦标赛。这一赛事为没有资格参加奥运会和前两年世界锦标赛的协会所属运动员，提供了机会。

参赛的单项协会，将在地区运动会和洲际锦标赛的成绩基础上，由洲际联合会推荐。

每个单项协会可各派由 6 名运动员和 2 名随从人员组成的两个队，一个参加公路赛，一个参加场地赛。

参加场地赛的每个协会运动员数目为：争先赛——每个国家 2 人；1 公里计时赛——每个国家 1 人；个人追逐赛——每个国家 1 人；淘汰赛——每个国家 2 人；计分赛——每个国家 2 人。

地区性比赛

地区性比赛，每 4 年举行一次综合运动会，如亚洲运动会。它邀请该地区的每一个国家参加。

参加国必须是国际业余自行车联合会会员国。

竞赛项目：公路赛分个人赛和团体赛。比赛项目有 1000 米计时赛、个人追逐赛、团体追逐赛、争先赛、个人计分赛。

洲际锦标赛

洲际锦标赛每两年举行一次，如亚洲自行车锦标赛。它包括该洲的每个国家和地区。

参加国家和地区必须是国际业余自行车联合会会员国。

竞赛项目：公路赛分个人赛和团体赛。比赛项目有 1000 米计时赛、争先赛、个人追逐赛、团体追逐赛和个人计分赛。另有主办国建议开设并由国际业余自行车联合会执委会批准的比赛项目。

洲际锦标赛所采用的规章和赛程，至少于比赛前两年送交国际业余自行车联合会。规则与日程，应报请国际业余自行车联合会同意。

环法赛

环法自行车赛是世界上历史最悠久和赛程最艰难的大赛之一，这项举世闻名的赛事起源于 1903 年两家报社——《机动车报》和《自行车报》的竞争。当时《机动车报》的编辑亨利·德斯格朗吉（Henri Desgrange）决定要组织一项"世界上最重要的自行车比赛"。于是，在 1903 年的 7 月 1 日，第 1 届环法自行车赛诞生了，共有 60 名车手参加了这次比赛，当时总距离为 2428 公里。而后，环法自行车赛成为传统性比赛项目，于每年的 7 月举行，超过 150 名选手参加约为 4000 公里赛程的角逐。通常赛事要进行 25 ~ 30 天，其赛程历届不等，其中以 1926 年最长，达 5754 公里，现在一般在 4000 公里左右。环法自行车赛沿着六边形的法国本土进行，车手必须一个队集体参赛。他们不但要争夺每个赛段的名次，还要累积每个赛段的成绩，各赛段累计时间最少者为整个比赛的总冠军。1984 年开始设女子环法自行车比赛，距离 60 ~ 84 公里，每年举办 1 届。

环法大赛标志

每年环法赛的比赛路线都不一样，主要是在法国境内，不过有时也会穿越法国的邻邦国家，例如比利时、西班牙、德国或是瑞士。比赛最后的路程设在巴黎著名的香榭丽舍大街。环法自行车赛是分站比赛，基本上每天一站。每个分站比赛结束之后累积用时最短的选手将穿上黄色领骑衫，这意味着他是目前比赛的领先者。整个比赛结束之后，所有分站比赛所用时间最短的将成为最终的冠军。

在西方体育界，有一种非常流行的说法：环法自行车赛可以与世界体育盛会奥运会和亿万人为之动情的世界杯足球赛并称为世界三大体育赛事。1995 年，共有 3200 万观众现场观看了环法比赛，最后在巴黎城区的比赛，全巴黎 1500 万市民倾城而出，场面极为壮观。目前，世界上已有 100 多个国家直播或者转播环法自行车赛，从电视上观看过环法自行车赛的人数占全世界人口的一半以上，使得这一大赛成为了法国盛大的节日。从 20 世纪 90 年代起，环法自行车比赛每年都净赚 1 亿多法郎。

环法自行车赛自 1903 年举办起，除了两次世界大战中断以外，从未间断，规模越来越大。进入 20 世纪 80 年代以后，环法自行车赛在比赛道路、规则、设备、器材、安全、宣传等方面经过不断完善，已经日趋完备和严密。

这项赛事也是世界上最艰苦

环法自行车赛比赛（一）

的体育比赛之一，参赛者必须具备高超的毅力和良好的体能，才能在二十几天的时间中骑完全程。因为相当一部分路段是起伏很大的山路，每天的骑行距离在 150 公里左右，有时甚至达到 200 公里以上，海拔高度从几十米到 2000 米，往往一个赛段下来，运动员已经是精疲力竭。而且比赛每段都有关门时间（即用时限制），如果运动员超过限制时间，就会被取消比赛资格。从参加人数看，目前每届参赛人数是 150 人左右，中途放弃比赛者一般大约为 1/3，只有 2/3 的选手能坚持到底。由于环法自行车赛的奖金高达 400 万美元，一些著名的自行车运动员，为

环法自行车赛比赛（二）

了集中精力参加环法比赛，甚至不惜放弃奥运会。

2003 年，正值环法自行车赛百年庆典，7 月 5 日在巴黎著名的埃菲尔铁塔下，历时 23 天，全长 3427 公里的环法赛鸣枪开赛，共有来自美国（1 队）、西班牙（4 队）、德国（3 队）、荷兰（1 队）、意大利（4 队）、法国（6 队）、丹麦（1 队）和比利时（2 队）8 个国家共 22 个车队的 198 名车手参加了角逐。但因中途受伤等原因，参赛车手在结束时只剩下 147 名，最终在 7 月 27 日第 20 赛段比赛结束时，前四届冠军——美国车手阿姆斯特朗（Lance Edward Armstrong）第 112 个冲过设在巴黎著名的香榭丽舍大街的终点线，以全程累计时间 83 小时 41 分 12 秒的总成绩夺得总冠军，如愿以偿地实现了"五连冠"的愿望。

"春季传统赛" 和 "秋季传统赛"

在国际自行车界，自行车公路比赛一般分一日赛和多日分段赛，两者有明显的区别。顾名思义，一日赛是指在一天内完成的自行车赛。目前最有名的一日赛是每年春季举行的米兰至圣雷莫公路赛和巴黎至鲁贝公路赛，以及秋季举行的圣塞巴蒂安赛和环朗巴蒂公路赛。这类一日赛的比赛距离大多在 200～300 公里之间，习惯上，称它们为"春季传统赛"和"秋季传统赛"。

环西班牙赛和环意大利赛

据统计，世界上每年大约有 180 项等级不同的公路自行车多日赛，规模仅次于环法赛的是环西班牙赛和环意大利赛。这些比赛一般都称为"大满贯赛"。每年 5 月份进行的环意大利比赛是规模仅次于环法的世界第二大赛事。而环西班牙比赛一般是 8 月进行，是世界第三大赛事。这两项比赛由于奖金丰厚，富有传统，同样能吸引众多的世界一流高手。有资料说，目前世界上奖金额最高的自行车多日赛依次分别为：环法大赛、环西班牙赛、杜邦环美大赛、环瑞士大赛和环意大利大赛。当年，由波兰、捷克、苏联和德意志民主共和国等国家组织的自行车"和平赛"，几乎横跨所有的东欧国家，是一项非常重要而且独特的比赛。这项传统的赛事一直保留下来，可见自行车多日赛的魅力。

其他赛事

在欧洲大陆之外，杜邦环美赛的影响最大。它实际上是横跨美国的比赛，由著名的杜邦公司独家资助，比赛全程达到了 2700 多公里。

另外，大洋洲的环澳大利亚、环新西兰，南美的环哥伦比亚比赛等，在比赛路段的选择上也是各具特色，而且奖金丰厚，能吸引世界一流的职业车手。

最近，随着经济发展，亚洲地区的自行车赛事大大增加。从 2003

年开始，日本把一年一度的日本国际公路比赛改成了环日本自行车赛。日本凭借自己雄厚的经济实力，邀请了许多世界一流强队。每年一度的环台湾自行车赛，以丰厚的奖金吸引了不少一流职业车队参赛。另外，韩国、印度尼西亚、泰国和一些西亚国家也都有自己传统的自行车多日赛。不过，在亚洲各类自行车多日赛中，影响最大的还是环马来西亚比赛。在2003年年初进行的环马来西亚比赛中，总奖金已经达到了40万美元。

PART 11 礼仪规范

自行车运动的观赛礼仪

在观看自行车比赛前，观众应了解自行车比赛的特点和相关知识，做到注意赛场秩序和适时保持安静。

在自行车比赛开始（集体出发项目例外）时，运动员需要根据倒计时电子提示音发令出发。运动员出发时会全神贯注地聆听起跑信号，这时现场的观众应保持安静，以免干扰或影响运动员的比赛出发。

对于沿途观赛的观众来说，首先要选择一个安全的位置观看比赛。在赛道中经常有一些危险地段，或是急转弯地形，以及运动员竞争比较激烈的地段，运动员在激烈的竞争中就存在着一定的危险性，如果运动员在高速状态下发生侧滑、摔倒等

伦敦奥运会自行车男子公路赛决赛比赛现场

事故，势必威胁周边观众的安全。所以，观众在沿途观赛时一定不要超越隔离区，以保证自身的安全。

其次，观看自行车比赛过程中一定要听从赛场人员的指挥，不要随意冲入场内或赛道。因为公路自行车赛道上不仅有高速行驶的自行车，还有保障竞赛的各种机动车车辆，如：裁判车、器材车、新闻车等等。这些车辆在比赛中行驶速度非常快，特别是在公路个人计时赛中，运动员是间隔时间进行出发的，这就意味着整个赛道都会有投入比赛的运动员。所以，观众突然冲进或穿越赛道的做法是十分危险的。一旦发生阻挡运动员或队车的事故，轻则影响运动员的比赛成绩，重则造成严重的人身伤害事故。

自行车运动很容易调动观众的情绪，每到激烈之处，观众都禁不住会呐喊助威。随着激烈程度不断升级，观众情绪高涨是很容易理解的。观众文明加油的方式都是允许的，同时，要注意为所有参赛运动员理智地加油，体现观众的文明素养和对自行车运动的理解。

残疾人自行车的观赛礼仪

残疾人奥运会自行车比赛是一项竞争性很强的项目。运动员们通过克服自身残障，以顽强的意志与对手激烈竞争完成比赛，充分体现残疾人运动员坚忍不拔、不畏艰难、挑战自我的乐观向上精神。在每一组比赛结束时，观众都应该报以热烈的掌声，为身残志坚的运动员鼓励、喝彩，体现观众对残疾运动员的关爱和对他们在比赛中表现的赞赏。

不同残疾类别的运动员有着不同的身体障碍特点，他们大多在比赛出发时都存在控制赛车和身体平衡的障碍。特别是脑瘫运动员，起动时存在的难度更大。

所以，在自行车比赛中，运动员出发时，现场的观众要保持安静。一是使运动员能够有一个平静的外界环境，减缓他们的心理压力；二是使运动员能够集中精力按倒计时电动发令提示音准确地出发。

在公路赛道沿途观看比赛时，观众不能接触或帮助运动员，更不能向运动员的身上和车上洒水。否则，运动员不但失去比赛的资格，而且还可能给他们带来极大的危险。

在比赛中，观众应积极地为运动员加油助威，激发运动员的挑战精神与顽强意志。鼓励运动员战胜自我、挑战极限，取得理想的比赛成绩，实现自我价值的体现。

残疾人自行车竞赛

PART 12 明星花絮

自行车女王——隆戈

隆戈，法国女子自行车运动员，曾被誉为"自行车女皇"。

让妮·隆戈（Jeannie Longo）是 20 世纪 80 年代法国自行车名将。她出生在格勒诺布尔市，在那里长大，在那里成名。1979 年以前，隆戈是一位热衷于滑雪运动的大学生，而少年时代父亲教她练习的则是拳击。在滑雪训练中，她结识了高山滑雪教练帕特里斯·西普雷利，1986 年两人成为夫妻。在世界锦标赛中，她获得过 1985 年、1986 年、1987 年、1989 年的公路赛冠军；1986 年、1988 年、1989 年的个人追逐赛冠军；1989 年的计分赛冠军。她最辉煌的成绩是 1987 ~ 1989 年三次蝉联环法赛的冠军，因为这是世界上最艰难的自行车赛。

1986 年，可以说是她第一段运动生涯最光辉的一年：在一个半月的时间里，她竟 10 次刷新了 9 项世界纪录。时至今日，女子自行车 3 公里、5 公

隆戈在比赛中

里、20公里的室内计时赛记录以及5公里、10公里、20公里的高原和平原场地计时赛中的世界记录都还未被打破。1989年11月，隆戈戴着"自行车女皇"、"世界记录之女"等种种头衔离开赛车场。在法国，人们不仅认为隆戈是一位战功卓著的自行车手，而且还把她视为争取妇女权益的女中豪杰。

让妮·隆戈的运动生涯取得的成绩非常辉煌，她曾经10次夺取世界锦标赛冠军：5次公路赛，3次个人追逐赛，1次计时赛，1次记分赛。在11年间，隆戈一直是世界顶尖的女子自行车运动员，她甚至还曾经获得过一次世界山地自行车赛的银牌。

尽管取得过如此辉煌的战绩，但是1996年亚特兰大夏季奥运会开幕时，已经37岁的让妮·隆戈仍然与奥运金牌无缘：1984年洛杉矶奥运会公路自行车赛中，隆戈在最后一分钟和其他运动员相撞，只取得第6名；1988年由于大腿受伤，她在汉城奥运会上只取得21名的成绩；1992年巴塞罗纳奥运会上，她在公路赛中取得一枚银牌，在追逐赛中也失手，与金牌无缘。

为了备战1996年的亚特兰大奥运会，其他运动员都早日来到亚特兰大开始赛前调整训练，适应当地的比赛环境和天气，而隆戈却按照自己的计划，来到科罗拉多的高原地区，顶着冷风进行训练，在比赛前两天才抵达亚特兰大。在比赛的开始阶段，隆戈跟在大部队里行进，到还剩11公里时，她突然发力，冲到第一的位置，并将领先优势保持到终点，终于夺取个人的第一枚奥运金牌。这届奥运会上，隆戈还在公路计时赛中夺得银牌。

37岁的让妮·隆戈终圆奥运冠军梦

2000 年悉尼奥运会上，隆戈 41 岁的时候，在公路计时赛夺取一枚铜牌。2004 年，已经 46 岁的她第 6 次参加奥运会，并在计时赛获得第 14，公路赛中名列第 10。

2011 年 6 月 22 日，已经 52 岁高龄的隆戈击败一千年轻选手，第 58 次问鼎法国全国冠军，这也是她连续第 4 次获得全法锦标赛公路计时赛的冠军，她在 19 公里的赛道上骑出了 29 分 45 秒，比亚军快了 45 秒之多。这位 6 次参加奥运会的运动员正在用自己的经历告诉人们，只要拥有梦想，一切都有可能。

伟大的斗士——维伦奎

维伦奎，法国运动员，现居住在瑞士的日内瓦。

维伦奎身高 179 厘米，体重 65 公斤。1991 年成为职业车手。曾有人这样描述维伦奎：他带给我们希望，他是一个令人难忘的运动员，一个充满斗志的战士。自从维伦奎成为一个自行车业余运动员，他那充满不屈斗志的精神就激励着很多人，毕竟人们喜欢这种向上的精神。没人能够忘记当维伦奎冲过终点时那直指云霄的手指，这个经典动作对于维伦奎来说意味着很多，他热爱的事业，他令人难忘的成功，他为之付出的代价，还有那些保护他的人们……

从 1992 年开始参加环法赛获得第 25 名，在随后的几年中他在环法赛上的成绩节节上升。在法国的土地上维伦奎实际上拥有足够的实力去赢得这项伟大的赛事。但是，1998 年的费斯蒂纳车队的丑闻几乎葬送了这名伟大车手的事业。好在，维伦奎虽然被禁赛，但是仍然没有从他热爱的自行车事业中退出……

钢铁少年——阿姆斯特朗

兰斯·阿姆斯特朗 1992 年开始职业自行车生涯，1996 年身患癌症，在艰苦的治疗后重返赛场。1999 年代表美国的邮政车队获得环法大赛的车手总成绩冠军。之后直到 2003 年，他连续 5 次夺冠，平了西班牙车手安杜兰等创造的环法五连冠的纪录。2004 年与 2005 年再连续夺冠，阿姆斯特朗 10 次参加环法大赛实现环法车手七连冠，创造了环法历史上的奇迹。但他个人兴奋剂丑闻缠身，2012 年 8 月 23 日，美国反兴奋剂机构宣布剥夺阿姆斯特朗 7 个环法自行车赛冠军头衔，并且终身禁赛。

在 1991 年前，阿姆斯特朗是铁人三项的运动员。16 岁时他参加了在达拉斯举行的"钢铁少年"的比赛。在他高中的最后一年入选了全美少年自行车队。1990 年参加了在莫斯科举行的青少年比赛。1991 年获得全美业余组冠军，1992 年，作为业余选手入选美国国家队，1992 年奥运会后，他便转入了职业车手。他作为职业选手的第一次比赛是 1992 年的圣塞巴斯蒂安经典赛，虽然他当时只获得

阿姆斯特朗

了最后一名，但是他并没有放弃。1993 年后，他的水平提高很快，代表摩托罗拉车队赢得了 10 项冠军，1995 年获环法赛的第八赛段冠军，

在圣塞巴斯蒂安经典赛上夺取冠军。

1996 年阿姆斯特朗的国际排名是第 5 位，再有所突破已相当困难，连续三届环法赛他都没能骑完全程。他对赛车运动的理解只是跳上自行车拼命蹬踏板，靠蛮劲显然无法在环法赛这项国际自行车最高赛事上有所建树。他需要沉淀，慢慢地成熟。

这个过程本应在自行车上度过，而阿姆斯特朗却把它花在了病床上。

"癌症不是死亡的一种形式，而是生活的一部分。"康复后的阿姆斯特朗说。

1996 年赢得了"费雷切－瓦隆内"赛后，阿姆斯特朗一改高声尖叫，上下挥舞双拳的习惯，他感到浑身无力。在接下来的环法赛中他又因为睾丸胀痛、咳嗽不止而退出比赛，在亚特兰大奥运会上他又因乳头疼痛、视觉模糊而惨遭败绩。在 25 岁的生日宴会上，阿姆斯特朗突然头痛欲裂，而几天后他在打电话时猛然吐了一大口鲜血。9 月 30 日早上醒来，他发现睾丸已肿胀到了橙子那么大。从小没怎么生过病的阿姆斯特朗不得不来到了医院，医生在给他做了全面的检查后作出了睾丸癌并广泛扩散的诊断。

回家的路上，阿姆斯特朗平生第一次没有超速。这位几个小时前还觉得自己刀枪不入的硬汉这会儿正浑身发抖，索性停下车放声大哭。后面的车堵成了长龙，喇叭齐名，在他听来那像是丧钟。

琳达连夜飞到儿子身边，她一路上都在哭，但在进门前又重新坚强起来。她把阿姆斯特朗揽入怀里看着他入睡。

第二天一早，阿姆斯特朗就被推进了手术室，整整 3 个小时，琳达都呆呆地坐在长椅上流泪。但当儿子被推出来后，琳达迅速擦干了眼泪说："什么都别怕，有妈在！"

手术很成功，但刀口又深又长。琳达昼夜守在儿子身边，一丝动静，她就立即从椅子上跳起来。

医生说，癌肿迅速扩散，遍布全身。此外，由于阿姆斯特朗刚刚转会，所以没有医疗保险！琳达不得不卖掉了房子和汽车，想尽一切办法筹款。全身是肿瘤，经济又出现危机，阿姆斯特朗变得非常消极。

环加州自行车赛阿姆斯特朗上路

这时，一个叫凯丽的病友像天使一样进入了阿姆斯特朗的生活，给阿姆斯特朗带来了许多小故事。其中一个说某人被大水逼到了楼顶。一辆摩托艇来救他，他说，上帝会救他。后来一架直升机来救他，他还是那样说。那人淹死后埋怨上帝，上帝说，我先派了一辆摩托艇，又派了一驾直升机，你这个蠢货！凯丽警告阿姆斯特朗千万别学那个蠢货，选择权始终都在自己手里。

阿姆斯特朗变得开朗了许多，但化疗却没能遏制住癌细胞的扩散，12 个致命的肿瘤占据了脑部、肺部和腹部，而且血液里到处是绒膜癌细胞。医生决定动用大剂量的博来霉素，这样会摧毁肺部，使阿姆斯特朗永远告别赛场。

阿姆斯特朗的病情引起了广大车迷的关注，其中一位著名的肿瘤专家否定了那个治疗方案。他说，摧毁了一个运动员的肺无异于折断了鸟儿的翅膀。在他的介绍下，阿姆斯特朗找到了尼克斯大夫，他是美国睾丸癌泰斗爱因霍恩的大弟子。尼克斯将先手术取掉脑部肿瘤，再采用 VIP（长春碱、伊托泊苷、异环磷酰胺和顺铂）化疗，虽然在短期内更具破坏性，但长期来看不会对肺造成破坏。如果顺利过关，再行 BEP 疗程。但尼克斯向琳达透露，阿姆斯特朗的治愈概率只有 3%。

VIP 化疗历时 3 周，跟环法赛的时间相同，但难度似乎更大。参加了三次环法赛，一次都没有骑完全程的他，这次是否也会遭遇同样的命运？

前两个疗程将阿姆斯特朗折磨得不成人样，头发睫毛掉光了，脸色煞白，静脉里像是有东西在燃烧，从胸口咳出的都是一块块沥青般的东西。第三个疗程时，剧烈的疼痛和恶心不分昼夜地扑来，感觉像环法赛上最艰难的爬坡，所不同的是一旦退出就意味着死亡。第四个疗程是这套化疗方案的极限，一般病人用不到，但对病入膏肓的阿姆斯特朗来说非用不可。阿姆斯特朗彷佛又回到了胎儿状态，眨眼皮都变得不可能，半梦半醒地躺着，倒挂在深渊里……

这段时间都是拉·特蕾丝在悉心照料阿姆斯特朗，她是一位业务娴熟又善解人意的护士长。他们成了无话不谈的好朋友，阿姆斯特朗甚至以埋怨她的方式打发无聊。阿姆斯特朗会因抗吐药太少而责备她太小气，又因每天输那么多可恶的化疗药而讽刺她过于大方。拉·特蕾丝总是那么的有耐心，她会说："听话，至少在这段时间里，我是你的妈妈。"

肿瘤指标开始下降，每天的血指标数字都令人鼓舞，这成了阿姆斯特朗的黄色领骑衫，就像是环法赛，开始领先了，10秒！20秒！可以下床了，可以走路了，可以健身了，可以……一天，尼克斯微笑着说，你可以骑车了。阿姆斯特朗愣了一下，然后拥抱了尼克斯和拉·特蕾丝。

"跟我先前的强壮一同消失的还有无知、好斗和自暴自弃，而无疑是后者帮我赢得了环法赛。"阿姆斯特朗说。

一年内，尼克斯大夫不允许阿姆斯特朗参加任何赛事。那该做些什么呢？游手好闲可不是阿姆斯特朗的性格。为病友们做些事吧，为什么不设立一个癌症基金会？他以前的赞助商也表示支持。阿姆斯特朗立即着手这项工作，并因此认识了他后来的妻子，美丽能干的克里丝汀。他们共同策划了象征着爱情的"玫瑰自行车赛"。1997年3月，首届"玫瑰自行车赛"就为基金会筹集了 20 万美元。后来，这项赛事成为世界上最大的公益自行车赛。

当年夏天，阿姆斯特朗携克里丝汀开始了浪漫的欧洲之行。在环法赛期间，当克里丝汀看到五颜六色的车手在高耸入云的比利牛斯山的映衬下疾驰而过时，欢呼起来。

"亲爱的，回到你的位置上去吧！"

"我行吗？"

"与化疗相比，阿尔卑斯山上最大的陡坡也变成了平地。德克萨斯公牛一定会东山再起！"

阿姆斯特朗又把尘封的赛车骑到了艳阳下，像一只困兽一样四处宣泄着过剩的体力。他奔驰在梦幻般的山路上，一点点找回当年的感觉。

一年后，他试着参赛，结果在历时 5 天的横穿西班牙赛中竟然获得了第 14 名，这个成绩把自己都吓了一跳。细心的车迷们发现阿姆斯特朗已不再是以前的鲁莽小子了，他开始讲究战术，有意识地控制发力；不再争强好斗，在必要时谦让对手。阿姆斯特朗的成绩在稳定上升，在美国职业冠军赛、环荷兰赛和环西班牙赛中均名列第 4，在环卢森堡赛中一举夺魁！面对世界车坛的震惊，阿姆斯特朗很平静，他把目光盯紧了环法赛！

阿姆斯特朗开始在阿尔卑斯山和比利牛斯山中强化训练，为此他放弃了数十场国际赛事。他反复寻找着体重和车重之间的平衡点，蹬腿和速度的临界值，饮食和消耗的最佳比。他深知，要想在环法赛中获胜，你就必须在别人想放弃的时候

疾驰而过的阿姆斯特朗

坚持到底。为此，他选择大雨、闷热、云雾天气进行强化训练。在最艰苦的赛段"圣母山口"，阿姆斯特朗一举平了这个赛段的世界记录。他有点不敢相信，立即回去重骑，结果又提高了 47 秒！胜券在握了！阿姆斯特朗攥紧了拳头。

1999 年的环法赛，阿姆斯特朗以绝对的优势摘取了桂冠。

将奖杯高高举起时，阿姆斯特朗禁不住泪流满面。他跳下领奖台，将妻子和母亲紧紧拥抱。印第安纳波利斯的医务工作者和癌友们在大屏幕前炸了锅，拉·特蕾丝激动地高呼："他战胜了癌症！"美国沸腾了，这是美国人第一次取得环法赛的冠军。耐克公司派专机接阿姆斯特朗回国，纽约市长出席了招待会，华尔街请阿姆斯特朗去敲响交易所大钟，上百万市民夹道迎接这位民族英雄。

阿姆斯特朗将这个神话一直延续了下去 。

2004 年阿姆斯特朗第 6 次黄袍加身时，布什将越洋电话打到了凯旋门，对正在举杯的阿姆斯特朗说："你真让人敬畏！"2005 年 7 月，阿姆斯特朗史无前例地夺得第 7 个环法冠军并宣布退役，为自己的职业生涯画上了一个圆满的句号。

如今的阿姆斯特朗全身心投入到抗癌基金会和"玫瑰自行车赛"中，为人类的抗癌事业积极奔走着。他喜欢这样，他不想停下来……

破纪录之王——莫塞尔

莫塞尔，意大利自行车名将，曾打破由梅尔克斯保持 11 年之久的世界纪录。莫塞尔在 5 天之内一共 7 次打破世界纪录。

弗朗切斯科·莫塞尔早在 1975 年，就在世界超级自行车运动成绩排列第 3 名，1976 年上升到第 2 名，1978 年跃居首位。1976 年获得职业选手 5000 米个人追逐赛世界冠军。1978 年跃居首位。1976 年获得职业选手 5000 米个人追逐赛世界冠军。1974 年 1 月 19 日在墨西哥奥林匹克体育中心赛车场上，他向世界新纪录冲击了，跑道全长是 333.33 米，他第一圈用了整 28 秒，15 圈过后他以 5 分 48 秒 24 的成绩打破了 5 公里 5 分 50 秒 77 的世界纪录。第二个 15 圈又以 11 分 39 秒 2 的成绩打破了梅尔克斯保持了 11 年之久的 10 公里 11 分 53 秒 20 的世界纪录。20 公里他总共用了 23 分 30 秒 84，同样打破了由梅尔克斯保持的 24 分 6 秒 80 的世界纪录。最后，莫塞尔以每小时 50 公里 809.37 米的新纪录为自行车运动史书写下了新的一章。

时隔 4 天后，他再次走进墨西哥奥林匹克中心运动场。这次除 10 公里以外，他打破了几天前自己创造的 5 公里、20 公里和 1 小时自行车运动世界纪录，这几项的新成绩分别是：5 分 47 秒 16、23 分 21 秒 59 和 51 公里 151.350 米。

莫塞尔创造了自行车运动史上最大的奇迹。这不仅因为他在 5 天之内一共 7 次打破世界纪录，还在于他取得这样的成就时已是老运动员了。他在自己的体育生涯中走过了一条充满胜利的道路，曾在委内瑞拉夺得世界公路自行车赛的冠军称号。

1987 年 10 月 10 日，他在俄罗斯莫斯科举行的室内自行车赛上创造 1000 米、20000 米、1 小时骑行 45.637 公里 3 项职业自行车世界纪录。

冠军中的冠军——宾达

亚佛列多·宾达，是环意赛首位超级巨星，也是历史上最伟大的选手之一，更是最伟大的教练之一。他退休之后，便开始指导另外一位传奇车手寇皮。宾达改变了选手在长距离比赛中的骑乘方式，奠定了现代单车运动的里程碑。

宾达不但有过人的爬坡能力，对于获胜的决心也相当惊人；不但在爬坡时表现优异，在单日古典赛中也无人可挡。他曾赢得两次米兰圣雷诺（Milan－San Remo）大赛，更赢得 5 次环伦巴底赛事。

但宾达跃升为传奇巨星，则是在环意赛。

亚佛列多·宾达

1925～1933 年间他共获得了 5 次环意赛冠军，而这项纪录同时也为他的门徒寇皮所共同保持。寇皮最后一次夺得环意赛冠军是在 1953 年，而这项纪录迄今从未被其他选手超越过。

宾达在环意赛共获得 41 次单站胜利，这项纪录直到 2003 年才被奇波里尼超越。宾达同时也保有 3 次世界冠军的纪录，分别在 1927 年、1930 年以及 1933 年。1927 年是宾达最光辉的一年，不但赢得世锦赛、意大利国家冠军、环伦巴底以及环皮德蒙赛，在环意赛更是从第一站领先到最后一站，缔造了一项不可思议的纪录——赢得 12 站单站胜利。这项纪录迄今还无人能出其右。

这位意大利车迷的偶像人物在全部运动生涯中共获得 112 次胜利，长期称霸欧洲车坛。退役后他担任教练员和职业车队领队，自行车巨星寇皮和巴尔塔利都是他的弟子。他被誉为"冠军中的冠军"。

和时钟比赛的人——克里斯·鲍德曼

克里斯·鲍德曼，1968 年 8 月 26 日生于英格兰，从小他就渴望成为一名优秀的自行车选手。少年时期他就加入了英国最著名的的自行车俱乐部——曼彻斯特车队。在那里的名师艾迪·苏恩斯的悉心指导下，他逐渐成长为一名顶尖的计时赛车手。

他第一次让人瞩目的成就是在全国青年锦标赛上的 25 公里冠军。随着年龄的增长他渐渐崭露头角，在成年组的比赛中也同样战绩辉煌。从第一次的冠军算起来他一共获得三十余次全国冠军。他在英国的计时赛领域中扮演着不可战胜的角色，除了苏格兰选手格莱姆·欧伯力偶尔可以对他造成一些威胁之外，克里斯可以说是"骑"遍英国无敌手。在此之后，克里斯还曾经加入过一个公路自行车的俱乐部，在公路赛中他的发挥也非常出色，但是他自己说他的最爱仍然是"和时钟比赛"。

不知道是为什么，克里斯·鲍德曼好像是跟环法赛无缘。从他参加的几届环法赛来看，他经常因为这样那样的原因而最终退出，无法施展。

1994 年他第一次参加环法赛，就在开幕站的计时赛上技压群雄赢得了黄色领骑衫，但是 3 天后，由于他的车队的实力问题而在团体计时赛上丢掉了在本土领骑环法的机会。1995 年克里斯被寄予了非常高的期望，但是不幸的是

克里斯·鲍德曼

在比赛中他因事故而受到严重的伤害，只能遗憾地退出本次比赛。1996 年克里斯第一次完成了整个环法赛，他最终的排名是第 39 名。两年内，他在环法赛上都有不同程度的受伤，也就没有取得过任何的成绩。

很早以前他就开始向 1 小时记录发起了冲击，1993 年他曾经创造了让人瞠目结舌的记录——56.375 公里。这几乎是一个不可能超越的成绩，虽然并不是官方承认的世界纪录，但是克里斯·鲍德曼使用规定的比赛用车创造了官方承认的 1 小时计时赛的纪录——49 公里 441 米 872。在完成了这一壮举之后，克里斯决定退出车坛，由此，给世界自行车运动留下了一个难以打破的纪录，给他的车迷们留下了一段精彩的回忆，也给他的对手们留下了无限的遗憾。

世界自行车王——梅尔克斯

梅尔克斯，比利时自行车运动员，曾获得 5 次环法自行车赛冠军。到 1973 年为止，共获得过各种自行车比赛冠军称号 447 次，并创下每小时 494.32 公里的世界纪录，而且保持了整整 11 个年头，有"世界自行车王"之誉称。

埃迪·梅尔克斯 18 岁开始业余选手比赛的生涯，获得过 28 场比赛的胜利。1965 年成为职业选手后，1969～1972 年、1974 年他 5 次获得职业选手公路赛世界冠军。1969～1972 年、1974 年他 5 次获环法自行车冠军，其中 1971 年全程平均时速达 36.935 公里。

此外他还 5 次获环意大利比赛冠军，两次获得环比利时赛冠军，获环瑞士赛和环西班牙赛冠军各 1 次，7 次收获世界著名的米兰—圣雷莫单程传统赛优胜，并创造了每小时 48.654 公里的世界纪录。他在世界车坛上所向无敌：1969 年胜了 47 次，1970 胜了 54 次。他被誉为是自行车运动史上的一大奇迹，可以和比蒙在 1968 年创造的男子跳远 8.90 米相提并论。

埃迪·梅尔克斯

1980 年法国体育报《队报》评选"本世纪最佳运动员"时，他仅次于贝利和欧文斯高居第 3 位。《国际体育通讯》评选他为 1969 年、1971 年世界最佳运动员。为了纪念他，比利时每年都举行"梅尔克斯计时大奖赛"。

短距离争先王——中野弘一

中野弘一，日本自行车运动员，曾连续 10 次获得世界冠军，享有"短距离争先王"的美誉。

中野弘一是为数不多的在国际车坛较有地位的亚洲车手之一。他是职业赛车场运动员，1977～1985 年连续 10 次获得 1000 米争先赛世界冠军，是这一项目历来获得世界冠军次数最多的选手和唯一的亚洲选手。

1986 年 5 月，他在一次比赛中摔断三根肋骨，膝盖也受了伤，但他仍于 8 月参加了当年的世锦赛，并完成了"十连冠"的伟业。他曾以 10 秒 570 创造行进间出发的 200 米世界纪录。

世界上骑自行车最快的女性——周玲美

女子计时赛冠军周玲美

周玲美，江苏人，身高 1.63 米，体重 63 公斤。中国女子自行车运动员，是第一位打破自行车世界纪录的亚洲人。北京亚运会场地自行车女子 1 公里计时赛冠军得主，并打破世界纪录。

1990 年 9 月 27 日，整个亚洲将永远记住这一辉煌的日子。这天，一位中国姑娘以 1 分 13 秒 899 的成绩创造了自行车 1 公里计时赛新的世界纪录。世界自行车运动史册上第一次写下了亚洲运动员的名字，

她就是周玲美。周玲美成为中国这一自行车大国 41 年来第一位打破世界纪录的人，被誉为"当今世界骑得最快的女性"。在 1991 年第 15 届亚洲自行车锦标赛上，她又以 1 分 12 秒 420 的成绩再一次打破世界纪录。

周玲美的成绩向世界表明：中国自行车运动完全可以走自己的路，并培养出世界一流的飞车手。

周玲美创造的这个中国自行车运动史上第一个世界纪录，对她来说是"一生都不会淡忘"的精彩时刻；对中国自

周玲美当选北京奥运会火炬手

行车运动来说，那是座向世界水平冲刺的里程碑；对广大中国人来说，他们真正认识到了自行车运动是这样玩的，而不仅仅是上下班、买菜时胯下的那两个轱辘。

从那时起，女子场地自行车成了中国自行车运动的发展重点。1992年巴塞罗那奥运会本该是她一展身手的大好机会，当时拥有世界纪录的周玲美是该项目的绝对王者，但国际自联在该届奥运会取消了这个项目，让中国自行车实现奥运突破的梦想成空。

中国奥运奖牌第一人——姜翠华

姜翠华，中国优秀女子自行车运动员，出生在辽宁省大连市，身高174厘米，体重76公斤。2000年悉尼奥运会上，在场地500米计时赛中获得铜牌，实现了中国自行车选手奥运史上奖牌"零"的突破，成为自行车运动的"中国奥运奖牌第一人"。

主要战绩：1991年7月，亚洲自行车锦标赛1公里计时赛第2名，争先赛第2名；

1992年，世界青年自行车争先赛第5名，1公里计时赛第1名，并以1分14秒5的成绩打破了世界青年纪录（1分14秒67）；

1993年6月，在世界青年自行车锦标赛上创世界青年500米计时赛记录37秒76；

1995年5月，获世界自行车锦标赛争先赛第11名；

姜翠华

1996 年，获亚洲自行车锦标赛和 500 米计时赛冠军；

1997 年 8 月，获得世界杯场地赛 500 米计时赛冠军；

1998 年，获得第 13 届亚运会争先赛冠军，世界场地自行车锦标赛 500 米计时赛第 4 名，世界杯场地赛 500 米计时赛第 2 名,；

1999 年 5 月，世界杯场地赛 500 米计时赛第 3 名（35 秒 417），争先赛第 4 名，6 月，世界杯场地赛 500 米计时赛第 2 名（35 秒 62），9 月，500 米计时赛第 3 名（35 秒 238），亚洲自行车锦标赛 500 米计时赛冠军（35 秒 54），争先赛第 2 名，10 月，世界场地自行车锦标赛 500 米计时赛第 2 名（34 秒 869），成为世界上突破 35 秒大关的第 2 人；

2000 年 5 月，世界杯场地赛 500 米计时赛冠军（35 秒 064），第一次战胜冠军巴朗诺，7 月，获得亚洲自行车锦标赛 500 米计时赛冠军、争先赛冠军、奥林匹克竞速赛冠军，9 月，在第 27 届奥运会（悉尼奥运会）上获得女子自行车场地赛 500 米计时赛的铜牌（34 秒 768），这是中国自行车运动员在奥运会中获得的首枚奖牌。

姜翠华在 2000 年悉尼奥运会上获得一枚铜牌，为中国自行车队实现了历史性突破。2004 年，姜翠华未能获得雅典奥运会的参赛资格。

姜翠华在跑道上飞驰

中国自行车的领军人物——郭爽

　　1986 年 2 月 26 日，郭爽出生在内蒙古通辽，13 岁开始练习自行车，2002 年被派往瑞士学习，主攻女子争先赛。随后的几年里，郭爽在世界青少年组比赛中曾经 6 次夺得冠军，被看作中国希望之星。

　　2005 年郭爽开始参加成人组比赛，不仅在世界杯夺得银牌，十运会上也赢得冠军。2006 年，郭爽摘得亚运会 500 米个人计时和争先赛金牌以及世锦赛争先赛和凯林赛铜牌。2007 年，她又将世锦赛铜牌改写成银牌，已经成为这个项目极具竞争力的车手。不过，2007 年在世界杯悉尼站和北京站以及 2008 年的曼彻斯特世锦赛中，郭爽都与奖牌失之交臂。郭爽目前已成为中国场地自行车运动的领军人物。2011 年 8 月 18 日，在第二十六届世界大学生夏季运动会场地自行车女子个人争先赛中，中国选手郭爽夺得冠军。

　　2012 年 8 月 8 日凌晨，伦敦奥运会结束了场地自行车最后 3 个项目的争夺，澳大利亚车手米尔斯获得女子个人争先赛冠军，郭爽获得第 3 名。英国车手特罗特获得女子全能赛冠军。英国车手霍伊获得男子凯林赛冠军。在场地自行车的 10 个项目里，英国队获得 7 枚金牌，握有绝对优势，中国队主要靠着郭爽的发挥，最终获得 2 银 1 铜，创造了参加奥运会以来的最好战绩。

　　含蓄的郭爽不谈犯规，"那个犯规的判罚直接影响了你的成绩！"当话题问到

郭爽

最敏感时，郭爽笑了笑，低头给追来的粉丝们签名，没有回答，"现在还在想那个判罚吗？"又问，但郭爽依旧没有回答，歉意地向记者微笑了一下。旁边的教练李飞了解弟子的性格，她是个非常含蓄也非常善良的女孩，不会随便发表对他人不利的言论。"她一直对自己的要求很高，希望自己做到完美，"李飞这样评价爱徒，"但是，很多比赛都会有判罚的因素，这对运动员来说或许会不公平，但也有人得利，这也是体育。郭爽还很年轻，她还有机会，而且她的能力已经不需要再证明什么，只需要在更多的比赛中为祖国、为吉林人民争光！"对于郭爽，教练李飞充满信心。

郭爽举手示意

郭爽表示虽然失利但自己不会失去信心："因为有中心领导的支持，还因为我有一个好教练。""我从教练身上学到很多东西，他的技术和战术对我来说都是最先进的，掌握起来并不容易，但学会之后效果非常好。"郭爽在谈到法国外教莫雷龙时说，"我没有获得金牌，但他告诉我在这种比赛里铜牌也很难得。""所以我会把这枚铜牌当做对自己的激励，我相信我们还会取得更好的成绩。"

在 2013 年 2 月 24 日举行的世界场地单车锦标赛中，郭爽遗憾失落铜牌，以 0：2 落败给香港选手李慧诗。

伦敦奥运会的无冕之王——宫金杰

宫金杰 1980 年生于吉林东丰，中国女子自行车队运动员。2012 年 8 月在伦敦奥运会上，宫金杰与队友郭爽在场地自行车女子团体争先赛中一天两破世界纪录，在取得最后胜利的时刻，却被判犯规，金牌变为银牌。

宫金杰

2012 年 8 月 2 日伦敦奥运会场地自行车比赛，中国队的发挥让人瞠目结舌。宫金杰/郭爽在资格赛中就骑出了 32 秒 447 的惊人成绩，打破了德国组合沃格尔/维特在 2012 年世锦赛上创造的 32 秒 630 的世界纪录，

宫金杰成功晋级

而且中国队在资格赛上战胜的正是德国队。在接着进行的第一轮比赛中，中国队又骑出了 32 秒 422 的成绩，把她们创造了才 30 分钟左右的世界纪录再一次打破。

在第一时间公布的第一轮成绩里，英国队排在第二，她们将和中国队进行金牌争夺战，但很快英国队因为犯规成绩被取消，排名第三的德国队荣升第二。继资格赛之后，两队在决赛再次遭遇。

中国队宫金杰排在内道，郭爽在外道，德国队沃格尔在内道，维特在外道。比赛开始后第一圈宫金杰出发神速，起步成功后充分加速，第一圈中国队用时 18 秒 668，领先德国队的 18 秒 737！

很快转入最后一圈的冲刺，比赛焦点全部集中在郭爽身上，这位早就获得过世界冠军但还没有拿过奥运会冠军的选手，最后时刻势如闪电，飞速前进，这一圈中国队用时 13 秒 951，完胜德国队的 14 秒 061。32 秒 619！虽然中国队在第一时间内欢庆胜利，但很快比赛结果被重新认定，在宫金杰离开内道的一瞬间，郭爽车轮压到了蓝区，中国队犯规被取消成绩，遗憾地获得亚军。

PART 13　历史档案

环法自行车赛历届总冠军一览表

年份	总冠军	国籍
2013	弗罗梅	英国
2012	布拉德利·维金斯	英国
2011	埃文斯	澳大利亚
2010	康塔多	西班牙
2009	康塔多	西班牙
2008	卡洛斯－萨斯特雷	西班牙
2007	康塔多	西班牙
2006	兰迪斯	美国
2005	阿姆斯特朗	美国
2004	阿姆斯特朗	美国
2003	阿姆斯特朗	美国
2002	阿姆斯特朗	美国
2001	阿姆斯特朗	美国
2000	阿姆斯特朗	美国
1999	阿姆斯特朗	美国
1998	潘塔尼	意大利

年份	总冠军	国籍
1997	乌尔里希	德国
1996	里伊斯	丹麦
1995	安杜兰	西班牙
1994	安杜兰	西班牙
1993	安杜兰	西班牙
1992	安杜兰	西班牙
1991	安杜兰	西班牙
1990	勒蒙德	美国
1989	勒蒙德	美国
1988	德尔加多	西班牙
1987	罗切	以色列
1986	勒蒙德	美国
1985	希瑙尔	法国
1984	菲农	法国
1983	菲农	法国
1982	希瑙尔	法国
1981	希瑙尔	法国
1980	佐特麦尔克	荷兰
1979	希瑙尔	法国
1978	希瑙尔	法国
1977	瑟夫内	法国
1976	范伊姆佩	比利时
1975	瑟夫内	法国
1974	莫克斯	比利时
1973	奥克纳	西班牙
1972	莫克斯	比利时
1971	莫克斯	比利时

续表

年份	总冠军	国籍
1970	莫克斯	比利时
1969	莫克斯	比利时
1968	扬森	荷兰
1967	平吉奥	法国
1966	艾玛尔	法国
1965	吉蒙蒂	意大利
1964	安奎蒂	法国
1963	安奎蒂	法国
1962	安奎蒂	法国
1961	安奎蒂	法国
1960	内恩西尼	意大利
1959	巴哈蒙蒂斯	西班牙
1958	高尔	卢森堡
1957	安奎蒂	法国
1956	沃尔克维尔	法国
1955	博比	法国
1954	博比	法国
1953	博比	法国
1952	考比	意大利
1951	科布莱特	瑞士
1950	库布勒	瑞士
1949	考比	意大利
1948	巴塔里	意大利
1947	罗比	法国
1939	马斯	比利时
1938	巴塔里	意大利
1937	拉佩比	法国
1936	马斯	比利时
1935	马斯	比利时

年份	总冠军	国籍
1934	马格尼	法国
1933	斯佩彻	法国
1932	莱杜克	法国
1931	马格尼	法国
1930	莱杜克	法国
1929	德瓦勒	比利时
1928	弗兰茨	卢森堡
1927	弗兰茨	卢森堡
1926	布瑟	比利时
1925	波特奇亚	意大利
1924	波特奇亚	意大利
1923	佩里希尔	法国
1922	兰伯特	比利时
1921	塞尔	比利时
1920	塞斯	比利时
1919	兰伯特	比利时
1914	塞斯	比利时
1913	塞斯	比利时
1912	德福雷耶	比利时
1911	加里格	法国
1910	拉皮泽	法国
1909	法贝尔	卢森堡
1908	布莱顿	法国
1907	布莱顿	法国
1906	波蒂埃	法国
1905	特鲁塞里尔	法国
1904	考内	法国
1903	加林	法国

2008 年北京奥运会自行车项目奖牌榜

山地自行车

男子越野赛				
奖牌	运动员/运动队	国家/地区	成绩	备注
金牌	阿布萨隆	法国	1∶55∶59	
银牌	佩劳	法国	1∶57∶06	
铜牌	舒尔特	瑞士	1∶57∶52	
女子越野赛				
奖牌	运动员/运动队	国家/地区	成绩	备注
金牌	施皮茨	德国	1∶45∶11	
银牌	维罗兹克佐夫斯卡	波兰	1∶45∶52	
铜牌	卡伦蒂耶娃	俄罗斯	1∶46∶28	

公路自行车

男子个人计时赛				
奖牌	运动员/运动队	国家/地区	成绩	备注
金牌	坎塞拉拉	瑞士	1∶02∶11.43	
银牌	G－拉尔森	瑞典	1∶02∶44.79	
铜牌	雷菲默	美国	1∶03∶21.11	

女子个人计时赛

奖牌	运动员/运动队	国家/地区	成绩	备注
金牌	K－阿姆斯特朗	美国	34：51.72	
银牌	普雷	英国	35：16.01	
铜牌	图里格	瑞士	35：50.99	

女子公路赛

奖牌	运动员/运动队	国家/地区	成绩	备注
金牌	库克	英国		
银牌	艾玛－约翰森	瑞典		
铜牌	古德佐	意大利		

男子公路赛

奖牌	运动员/运动队	国家/地区	成绩	备注
金牌	萨穆埃尔－桑切斯	西班牙		
银牌	坎塞拉拉	瑞士		原亚军意大利选手雷贝林药检阳性，银牌被剥夺
铜牌	科罗布内夫	俄罗斯		

场地自行车

男子争先赛

奖牌	运动员/运动队	国家/地区	成绩	备注
金牌	霍伊	英国		
银牌	肯尼	英国		
铜牌	伯尔根	法国		

女子争先赛

奖牌	运动员/运动队	国家/地区	成绩	备注
金牌	彭德莱顿	英国		
银牌	米尔斯	澳大利亚		
铜牌	郭爽	中国		

男子麦迪逊赛

奖牌	运动员/运动队	国家/地区	成绩	备注
金牌	卡鲁切特/佩雷兹	阿根廷		
银牌	拉内拉斯/陶勒尔	西班牙		
铜牌	伊戈纳特耶夫/A - 马尔科夫	俄罗斯		

男子团体追逐赛

奖牌	运动员/运动队	国家/地区	成绩	备注
金牌	克兰西，曼宁，托马斯，维金斯	英国	3：53.314	打破世界纪录
银牌	莫尔克耶夫，C - 乔根森，马德森，A. N - 拉斯姆森	丹麦	4：00.040	
铜牌	比雷，罗斯顿，M - 莱恩，塞根特	新西兰	3：57.776	三四名决赛成绩

女子记分赛

奖牌	运动员/运动队	国家/地区	成绩	备注
金牌	沃斯	荷兰		
银牌	Y - 冈萨雷斯	古巴		
铜牌	奥拉贝里亚	西班牙		

女子 3 公里个人追逐赛

奖牌	运动员/运动队	国家/地区	成绩	备注
金牌	罗梅罗	英国	3：28.321	
银牌	胡维纳格	英国	3：30.395	
铜牌	卡利托夫斯卡	乌克兰	3：31.413	

男子凯林赛

奖牌	运动员/运动队	国家/地区	成绩	备注
金牌	霍伊	英国		
银牌	罗斯－埃德加	英国		
铜牌	永井清史	日本		

男子4公里个人追逐赛

奖牌	运动员/运动队	国家/地区	成绩	备注
金牌	维金斯	英国		
银牌	罗斯顿	新西兰		
铜牌	博尔克	英国		

男子记分赛

奖牌	运动员/运动队	国家/地区	成绩	备注
金牌	拉内拉斯	西班牙	60 分	
银牌	克鲁格	德国	58 分	
铜牌	牛顿	英国	56 分	

男子团体争先赛

奖牌	运动员/运动队	国家/地区	成绩	备注
金牌	霍伊，肯尼，斯塔夫	英国	43.128	
银牌	布格，西鲁，图纳特	法国	43.651	
铜牌	恩德斯，列维，尼姆克	德国	44.014	

小轮车

男子个人赛

奖牌	运动员/运动队	国家/地区	成绩	备注
金牌	斯特罗姆博格斯	拉脱维亚		
银牌	迈克－戴	美国		
铜牌	多尼－罗宾逊	美国		

续表

女子个人赛				
奖牌	运动员/运动队	国家/地区	成绩	备注
金牌	肖松	法国		
银牌	科尔奎勒	法国		
铜牌	金特娜	美国		

2012 年伦敦奥运会自行车项目奖牌榜

场地自行车

女子全能					
日期	奖牌	运动员/运动队	国家/地区	成绩	备注
2012－08－07	金牌	特罗特	英国	18	
2012－08－07	银牌	哈默尔	美国	19	
2012－08－07	铜牌	埃德蒙森	澳大利亚	24	
女子争先赛					
日期	奖牌	运动员/运动队	国家/地区	成绩	备注
2012－08－07	金牌	安娜－米尔斯	澳大利亚		
2012－08－07	银牌	彭德莱顿	英国		
2012－08－07	铜牌	郭爽	中国		
男子凯林赛					
日期	奖牌	运动员/运动队	国家/地区	成绩	备注
2012－08－07	金牌	霍伊	英国		
2012－08－07	银牌	列维	德国		
2012－08－07	铜牌	范维尔霍文	新西兰		
2012－08－07	铜牌	穆德	荷兰		

续表

男子争先赛

日期	奖牌	运动员/运动队	国家/地区	成绩	备注
2012 – 08 – 06	金牌	肯尼	英国		
2012 – 08 – 06	银牌	鲍格	法国		
2012 – 08 – 06	铜牌	帕金斯	澳大利亚		

男子全能

日期	奖牌	运动员/运动队	国家/地区	成绩	备注
2012 – 08 – 05	金牌	汉森	丹麦	27	
2012 – 08 – 05	银牌	克卡尔德	法国	29	
2012 – 08 – 05	铜牌	克兰西	英国	30	

女子团体追逐赛

日期	奖牌	运动员/运动队	国家/地区	成绩	备注
2012 – 08 – 04	金牌	金，瑞瓦斯勒，特罗特	英国	3：14.051	打破世界纪录
2012 – 08 – 04	银牌	鲍什，哈默尔，塔马约	美国	3：19.727	
2012 – 08 – 04	铜牌	卡莱顿，格拉塞尔，惠顿	加拿大	3：17.915	

男子团体追逐赛

日期	奖牌	运动员/运动队	国家/地区	成绩	备注
2012 – 08 – 03	金牌	伯克，克兰西，克诺夫，托马斯	英国	3：51.659	打破世界纪录
2012 – 08 – 03	银牌	博瑞兹，丹尼斯，赫伯恩，奥谢	澳大利亚	3：54.581	
2012 – 08 – 03	铜牌	比雷，盖特，瑞恩，塞奇恩特	新西兰	3：55.952	

续表

女子凯林赛

日期	奖牌	运动员/运动队	国家/地区	成绩	备注
2012 - 08 - 03	金牌	彭德莱顿	英国	10.965	
2012 - 08 - 03	银牌	郭爽	中国		
2012 - 08 - 03	铜牌	李慧诗	中国香港		

女子团体争先赛

日期	奖牌	运动员/运动队	国家/地区	成绩	备注
2012 - 08 - 02	金牌	沃格尔，维尔特	德国	32.798	
2012 - 08 - 02	银牌	宫金杰，郭爽	中国		决赛犯规
2012 - 08 - 02	铜牌	安娜－米尔斯，迈克科努奇	澳大利亚	32.727	

男子团体争先赛

日期	奖牌	运动员/运动队	国家/地区	成绩	备注
2012 - 08 - 02	金牌	辛德思，霍伊，肯尼	英国	42.600	打破世界纪录
2012 - 08 - 02	银牌	鲍格，德阿尔梅达，西罗	法国	43.013	
2012 - 08 - 02	铜牌	恩德斯，弗尔斯特曼，列维	德国	43.209	

公路自行车

女子个人计时赛

日期	奖牌	运动员/运动队	国家/地区	成绩	备注
2012 - 08 - 01	金牌	阿姆斯特朗	美国	37：34.82	
2012 - 08 - 01	银牌	阿伦特	德国	37：50.29	
2012 - 08 - 01	铜牌	扎贝林斯卡亚	俄罗斯	37：57.35	

男子个人计时赛					
日期	奖牌	运动员/运动队	国家/地区	成绩	备注
2012 – 08 – 01	金牌	维金斯	英国	50:39.54	
2012 – 08 – 01	银牌	马丁	德国	51:21.54	
2012 – 08 – 01	铜牌	弗洛姆	英国	51:47.87	

女子公路赛					
日期	奖牌	运动员/运动队	国家/地区	成绩	备注
2012 – 07 – 29	金牌	沃斯	荷兰	3:35:29	
2012 – 07 – 29	银牌	阿米斯泰德	英国	3:35:29	
2012 – 07 – 29	铜牌	扎贝林斯卡亚	俄罗斯	3:35:31	

男子公路赛					
日期	奖牌	运动员/运动队	国家/地区	成绩	备注
2012 – 07 – 28	金牌	维诺库罗夫	哈萨克斯坦	5:45:57	
2012 – 07 – 28	银牌	乌兰 – 乌兰	哥伦比亚	5:45:57	
2012 – 07 – 28	铜牌	克里斯托夫	挪威	5:46:05	

山地自行车

男子越野赛					
日期	奖牌	运动员/运动队	国家/地区	成绩	备注
2012 – 08 – 12	金牌	库哈维	捷克	1:29:07	
2012 – 08 – 12	银牌	舒尔特	瑞士	1:29:08	
2012 – 08 – 12	铜牌	丰塔纳	意大利	1:29:32	

女子越野赛					
日期	奖牌	运动员/运动队	国家/地区	成绩	备注
2012 – 08 – 11	金牌	布雷瑟	法国	1:30:52	
2012 – 08 – 11	银牌	施皮茨	德国	1:31:54	
2012 – 08 – 11	铜牌	古尔德	美国	1:32:00	

小轮车

女子小轮车					
日期	奖牌	运动员/运动队	国家/地区	成绩	备注
2012 – 08 – 10	金牌	帕扬	哥伦比亚	37.706	
2012 – 08 – 10	银牌	沃克	新西兰	38.133	
2012 – 08 – 10	铜牌	斯穆德斯	荷兰	38.231	
男子小轮车					
日期	奖牌	运动员/运动队	国家/地区	成绩	备注
2012 – 08 – 10	金牌	斯特罗姆伯格斯	拉脱维亚	37.576	
2012 – 08 – 10	银牌	威洛比	澳大利亚	37.929	
2012 – 08 – 10	铜牌	奥肯多 – 扎巴拉	哥伦比亚	38.251	